第五福竜丸から「3.11」後へ

被爆者 大石又七の旅路

小沢 節子

岩波ブックレット No. 820

はじめに

三月五日の言葉

二〇一一年三月五日、私は詩人のアーサー・ビナードさん、第五福竜丸元乗組員の大石又七《またしち》さんとともに、埼玉県東松山市の「原爆の図丸木美術館」で講演会に参加した。美術館では、日米両国の芸術家の視点から五七年前の事件をとらえかえす企画展「第五福竜丸事件　ベン・シャーンと丸木夫妻」が開催されていた。

一九五四年三月一日、静岡県焼津のマグロ漁船第五福竜丸は、太平洋のマーシャル諸島ビキニ環礁でアメリカがおこなった水爆実験に遭遇した。二三人の乗組員全員が被爆、半年後には無線長の久保山愛吉さんが死亡し、放射能の被害は広範囲に及んだ。この出来事がビキニ事件あるいは第五福竜丸事件と呼ばれている（以下、ビキニ事件と表記）。講演会での私の役割は、聞き手として、大石さんから事件当時の状況とその後の人生などについてうかがうことだった。会の最後には、「誰もが被ばく者になる世界を生きているということを、もっと感じてもらいたい」と大石さんが語り、ビナードさんが「私たちは皆、第五福竜丸に乗っているのだ」と応えた。それらの言葉が一週間後に現実のものになるとは、思いもよらぬことだった。

講演の後、フロアから二つの質問があった。「大石さんは被爆者〔健康〕手帳をもっていないんですか。広島・長崎の被爆者のように医療費の補助はないんですか」という質問に、大石さんは「私は被爆者ですが、国家からは被爆者として認定されていない。だから被爆者手帳はもっていないし、何の補償も受けていないのです」と答えた。「どうして、大石さんだけが語りつづけることができたのでしょう」という私への質問も出され、私は「私もずっとそのことを考えているのですが……」と口ごもった。

大石又七さん

　この二つの問いは、実は、本書のテーマともかかわっている。ビキニ事件は、冷戦下、米ソ両国が核兵器開発競争にしのぎを削るなかで発生し、日米両政府の間で政治決着された。その裏側で、平和利用の名の下にアメリカから原子力発電の技術が導入されたことは、三月一一日の東日本大震災に続く東京電力福島第一原子力発電所の事故以来、多くの人に知られるようになった。『第五福竜丸から「3・11」後へ　被爆者　大石又七の旅路』という本書のタイトルもまた、広島・長崎の原爆被害から福島第一原発事故へという歴史の結び目としてビキニ事件を位置づけることを意味している。同時に、副題にあるように、本書は事件に遭遇した大石又七というひとりの漁師が、どのようにその体験を生き直し、自らを被爆者として主体化していったかに焦点を当てている。

ビキニ事件についてはすでに多くの研究があり、大石さん自身にも『死の灰を背負って――私の人生を変えた第五福竜丸』、『ビキニ事件の真実――いのちの岐路で』、『これだけは伝えておきたい　ビキニ事件の表と裏――第五福竜丸・乗組員が語る』、『矛盾――ビキニ事件、平和運動の原点』という四冊の著作がある。本書では、大石さんとの対話をもとに、先行研究や大石さんの著作、映像作品等を参考にしながら、ビキニ事件と大石さんの半生を紹介していきたい。

「三・一一」後を生きる今、前述の同じ問いを再び受けたなら、私はこんな風に答えるだろう。「大石さんが自らの過酷な体験を言葉として残し、ビキニ事件を現在にまでつながる「核といのち」の問題としてとらえるようになる、その旅路を、一緒にたどってみませんか」と。

凡例

①本書では、ビキニ事件の被害者について「被爆者」と表記する。これは、自らを水爆(実験)による「被爆者」と定義してきた大石さんの認識に沿ったものである。また、「被爆」(原水爆による被害)と「被曝」(放射線の照射による被害)の双方を含む核被害の意味で、「被ばく」という語を用いる。

②大石さんの著作からの引用については、著作名を略して『死の灰』、『真実』、『表と裏』と表記する。

③引用文中の〔　〕は引用者の補足・説明を示す。また大石さんのインタビューからの引用は〈　〉で表記する。

Ⅰ　二〇歳のビキニ事件

「最後の航海」に出るまで

大石又七さんは一九三四（昭和九）年、静岡県中部に位置する榛原《はいばら》郡吉田村（一九四九年から吉田町）に生まれた。半農半漁の村で手広く鰹節業を営んでいた生家は、大石さんが生まれる前に没落し、家族は貧しい生活を送っていた。また、父親が法華信仰にもとづく国粋主義団体「国柱会」の活動に熱中して〈家族を苦労させた〉ことは、現在の大石さんの〈神とか仏とか絶対に信じない〉という心の持ち方に影響を与えることとなった。

国民学校に入る頃にはアジア・太平洋戦争がはじまり、小さな村にも戦争は影を落としたが、「暗い時代」一色だったわけではない。『死の灰を背負って』には子ども時代の思い出が生き生きと綴られ、装丁には大石さん自身の手で、和船に乗って駿河湾にこぎ出したときの感動やギンヤンマ捕りに熱中する姿、裏庭の木に登って上空を通過する米軍機を見上げる様子が描かれている。後に述べるように、この本を書くことによって、大石さんは封印した故郷の記憶をとりもどすのだった。

だが、「少年時代」は長くはつづかなかった。一九四五年九月に敗戦直後の混乱のなかで父親が亡くなり、一家の生活はいっそう窮迫した。一九四八年三月、長男の大石さんは家族を養うために新制中学を二年で退学し、大井川を挟んだ隣町（一九五一年に市となる）焼津のカツオ漁船新勢丸に乗り込んだ。以後、四国沖から北海道までを漁場とする船の上で五年間を過ごしながら、大石さんは今も途切れることのない海への愛着と漁師というアイデンティティを培っていった。

大石さんはしばしば、〈自分は無学な漁師であり〉、〈中学校中退で、学問もないから〉と語る。だが、謙虚な自己認識は、かけがえのない自分の人生に対する誇りと結びつき、学校教育や「学問」を断念せざるを得なかった無念さは、だからこそ、分からないことがあれば専門家に教えを請い、本を読み、テレビの報道番組を見て考えるという現在の大石さんの「学び」の姿勢をかたちづくっている。そもそも、過酷な体験に押しつぶされることなく生き抜いてきた力は、漁師としての「勉強」のなかから生まれてきたものかもしれない。それは「板子一枚下は地獄」という生死をかけた仕事場で鍛えられた精神力や体力のみならず、料理や裁縫、編み物（航海中の空き時間には腹巻きやセーター、五本指の手袋まで編んだという）といった生活者としての自立や楽しみの術《すべ》でもあり、喜寿を迎えた今でも、大石さんの暮らしを支えている。

とはいえ、「十四歳のかわいい漁師には、戦後まだ間もない、気も荒く、すさんだ復員兵の大勢乗っている大人の集団は恐ろしかった」（『死の灰』）。漁の合間の酒の席では、「復員兵」たちが戦場での性暴力や殺戮の「自慢話」を交わしていた。戦争は海の上でも、まだ、つい昨日の出来事だったのである。

ビキニ事件の際に、大石さんより二〇歳年上の久保山愛吉さんが、「不測の事態」を恐れて無線を打たずに母港をめざしたのも、戦争体験と無縁ではない。通信員として海軍に徴用された久保山さんは、マーシャル諸島で敵空母の監視業務に携わっていた。核実験というアメリカの軍事機密を目撃した第五福竜丸も、かつて同じ海域で無線を傍受され、撃沈された多くの徴用漁船と同じ運命をたどるかもしれないと彼は考えたのだ。

その一方で日本の独立とともに漁場も広がり、カツオ・マグロ漁は好景気を迎えつつあった。漁師たちにとっては〈すごい派手な時代〉であり、若い大石さんも焼津の漁師のトレードマークである縦縞シャツを身にまとい、初任給で買ったスイス製の高級時計を腕に歓楽街に足を運び、お酒にも強くなる。「体力と度胸が評価を決める世界」（『死の灰』）で「一人前の男」と認められるようになった頃、大石さんは、第五福竜丸への乗船を誘われた。

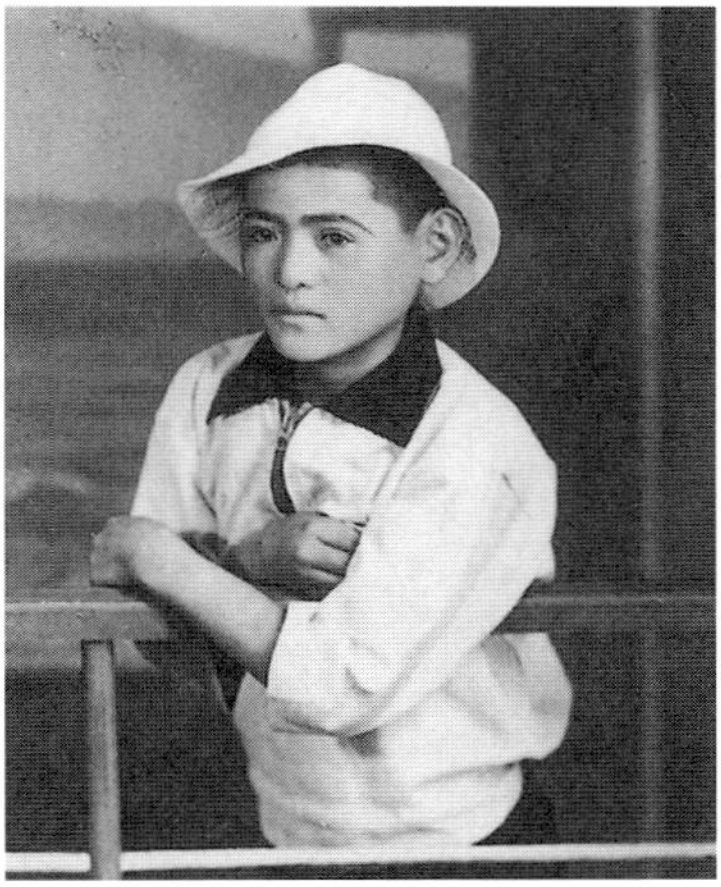

漁師になった頃，14 歳の大石さん（提供：大石又七氏）

第五福竜丸は、神奈川県三崎のカツオ漁船第七事代《ことしろ》丸を改造した全長三〇メートル、一四〇トンの木造船で、それを買い入れた焼津の船元《ふなもと》（船主《ふなぬし》）が新しい名前に改めたのだった。乗船を申し込んだ他の船が帰ってくるのを待つあいだという気持ちで、〈そんなに長く乗ってるつもりはなかった〉ものの、大石さんは、いつのまにか、一九五三年六月の第一次航海から最後まで、第五福竜丸に〈ぐずぐずと乗ってしまった〉。三崎から船と共にやって来たベテランの乗組員たちにマグロ漁の手ほどきを受け、彼らが船を降りた後には、獲ったマグロを管理する冷凍士をまかされるようになった。だが、やがては冷凍長へという周囲の期待を感じながらも、大石さんの心は揺れていた。焼津出身ではない大石さんには、焼津の漁師たちのしきたりに対する距離感があった。血縁関係を中心にまとまった「一船一家主義」といわれる「タテ社会」に組み込まれることへの迷いもあり、〈古い木造船ではなく〉もっと大きな〈本物のマグロ船〉に乗って、インド洋やアフリカ沖を漁場にする遠洋マグロ漁に出たいという気持ちも捨てがたかった。

複雑な感情をにじませながら第五福竜丸について語る大石さんには、自分自身が揺れ動き迷っていた時だから、あのような事件に巻き込まれることになったのかもしれないという、過去への思いがよぎるようだった。

マーシャルの海で――閃光と轟音、そして「死の灰」

一九五四年一月二二日、第五福竜丸の五度目の航海がはじまり、大石さんは翌二三日に船の上で二〇歳の誕生日を迎えた。二三人の乗組員は、久保山無線長と賄い係の服部竹治さん以外は、全員が一〇代後半から二〇代だった。漁のいっさいをとりしきる船頭(漁労長)の見崎吉男さんも二八歳、船長の筒井久吉さんも二二歳の若さだった。だが、現在(二〇一一年九月)までに、一四人が人生の半ばで肝臓障害などのために亡くなっている。また、船頭や無線長といった要職を含

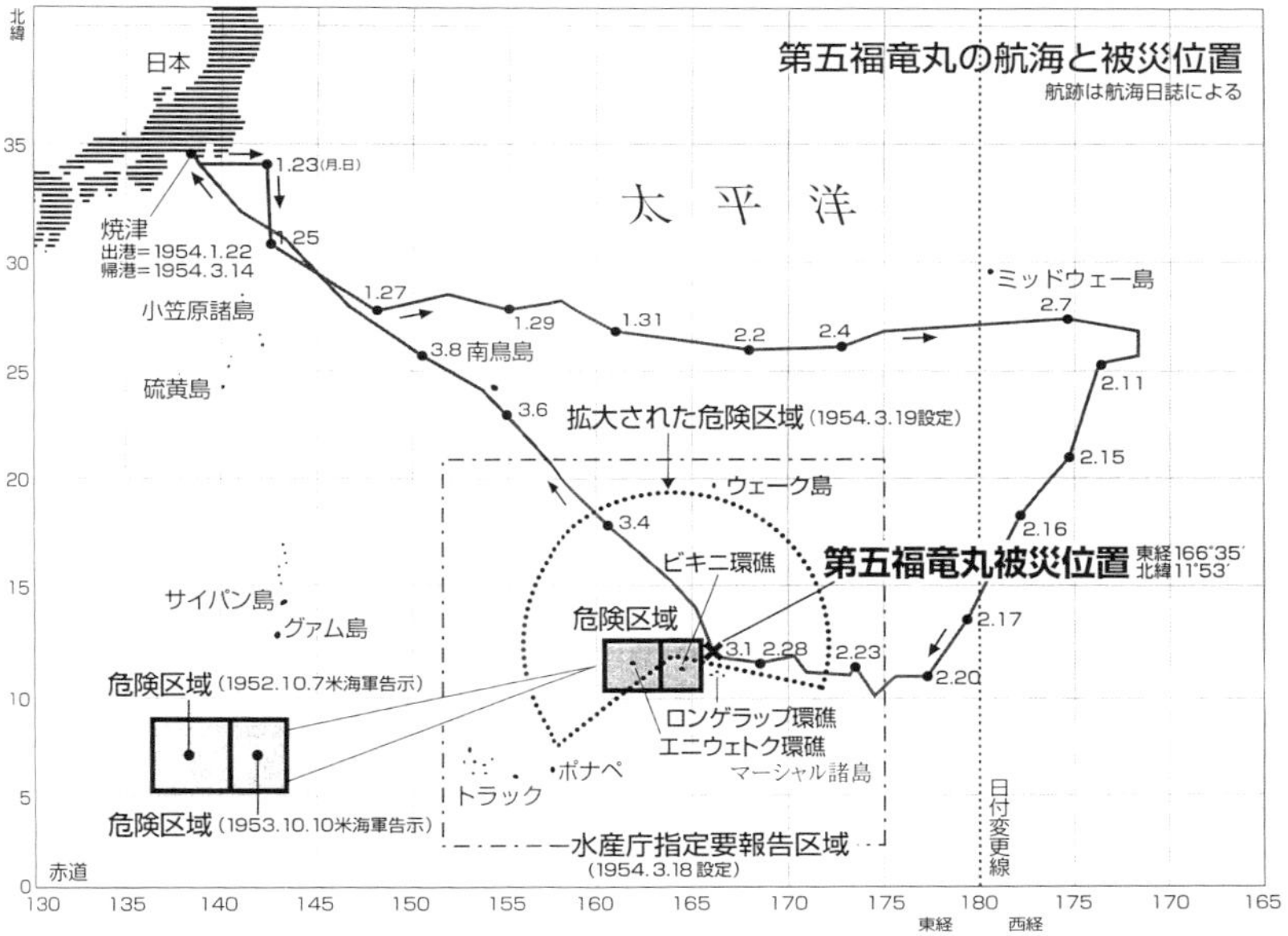

提供：(公財)第五福竜丸平和協会

めて一一人が焼津の出身であり、焼津の南の志太郡吉永村(現・大井川町)から五人、「大井川の向こう」の吉田町から大石さん、さらにその先の相良《さがら》町(現・牧之原市)から小塚博さんが乗船していた(残りの五人は他県の出身者)。

航海には最初からトラブルが相次ぎ、マグロを求めて行く先が次々と変更され、二月にはマーシャル諸島付近へと南下した。延縄《はえなわ》漁をしながら航海をつづけ、第五福竜丸はアメリカの設定した立ち入り禁止区域の東端へと近づいていった。

前述のように、久保山さんが軍属として徴用されたのもマーシャル諸島であり、甲板員の鈴木鎮三さんも諸島内のクェゼリン環礁の、ルオット島の守備隊で玉砕を免れた一人だった。船の機関部の作業を担当する操機手の高木兼重さんも、乗り込んだ徴用貨物船が、マーシャル諸島に向かう途中で潜水艦に攻撃され、沈没した経験をもつ。アジア・太平洋戦争の激戦地に漁師として戻って来た彼らは、再度、戦後の「冷戦」に巻き込まれることになった。

マーシャル諸島はサンゴ礁がリングのように連なる「環礁」の島々であり、第一次世界大戦後は「南洋群島」の一部として日本の統治下に置かれ、第二次世界大戦後は国連信託統治領の名の下に支配したアメリカが核実験場を建設した。一九五三年にソ連が新型の（軽量化した）水爆実験に成功すると、アメリカはそれを上回る水爆の開発をめざしてビキニ環礁で六回の核実験シリーズ「キャッスル作戦」を計画、その最初が新型水爆「ブラボー」の実験だった（アメリカは当初「原爆」と発表し、第五福竜丸の被災が報道された後、水爆実験だったことを認めた）。久保山さんや見崎船頭は、この海域で戦後、原爆実験がおこなわれたことは知っていたが、アメリカが立ち入り禁止区域を拡大したことは知らないまま、三月一日には操業を終えることになっていた。

事件から三七年後、大石さんはその日の出来事をはじめて次のように記した。

> 夜明け前の静かな洋上に、稲妻のような大きな閃光が、サアーッと流れるように走った。午前一時からはじまった投縄作業が、ついいましがた終わり、ひと区切りついた体を船室の戸口に近いカイコ棚のベッドに横たえて、開けっぱなしになっている暗い外をぼんやり眺めていた。午前三時三十分、船はエンジンを止め、かすかな風に流れをまかせている。〔中略〕閃光はそのときである。光は、空も海も船も、まっ黄色に包んでしまった（『死の灰』）。

外へ飛び出すと、デッキでは船頭と船長が水平線を無言で見つめていた。水平線の彼方では大きな傘状になった光が微妙に色を変えていた。

ビキニ事件については、この光を見た乗組員が「西から太陽が昇った」と叫んだというエピソードが、くりかえし語られて来た。大石さんは第五福竜丸の写真と図面を手に、それぞれの乗組員の居場所や、船の設備や構造について説明してくれながら、〈まだ太陽が出ていないので、羅針盤がなければ、真っ暗な闇の中で西だとはわからない〉はずであり、〈これも、「後からの言葉」のひとつ〉だと語った。たしかに、「西から太陽が昇った」とは、現実にあり得ないことを目にしたという素朴な驚きだけではなく、水爆＝核融合で輝く小型の太陽と考えるならば、実は（無意識の）比喩《メタファ》として引用されつづけてきた「後からの言葉」なのかもしれない。

二、三分して光が消えると、乗組員はそれぞれの持ち場につき、揚げ縄がはじまった。交替で朝食をとりはじめたそのとき、足下から轟音が突き上げ船を揺すった。皆がもつれ合うように逃げまどった。「光を見てから七、八分。その間はかなり長いように思えた」（『死の灰』）。だが、爆心地までの距離を測る基準となる「光から音までの時間」については、現在にいたるまで、乗組員たちの証言や記録が正確に一致することはない。一方、海図室に集まった久保山さんと船長、船頭は、自分たちの計測した光の方向と「距離」から、一六〇キロ離れたビキニでの「原爆実験」を目撃したと判断し、揚げ縄をしながら遠ざかっていくことにした。

明るくなりはじめた西の空に黒みを帯びた大きな雲が出てきた頃だろうか、久保山さんが「いまあったことは焼津にゃ知らせない。だからもし船でも飛行機でも見えたら、すぐに教えてくれよ」（『死の灰』）と皆に声をかけた。大石さんには、その言葉の意味がすぐには分からなかった。久保山さんは、自分たちの存在が米軍に発見された場合には、「証拠を残す」ために無線を打つつもりだったのだ。

二時間ほど経った頃、降り出した雨のなかに白い粉が混じりはじめた。やがて雨が雪にかわるように白い粉は降りつづき、デッキに積もり、乗組員の頭や体にまとわりついた。熱くもないし臭いもないが、目に入るとチクチクと痛く、口に含んで噛んでみるとジャリジャリとした。大石さんの記憶では、〈ずっと同じ調子で、六時間くらいは〉降りつづき、作業を終えて船室に入ってからも〈降っていたはず〉という。白い粉は、爆発で焼けたサンゴ礁が灰になって吹き上げられたフォールアウト＝放射性降下物だった（その後、三月一六日の読売新聞の記事のなかで「死の灰」という禍々《まがまが》しくも衝撃的な言葉がつかわれ、その呼称が広まっていった）。

当日の夕方には皆、目眩《めまい》、頭痛、吐き気、下痢がはじまり、鈴木鎮三さんが寝込んでしまったが、他の乗組員たちは不安を感じながらも黙って耐えていた。冷凍士として魚槽に入って作業をする大石さんは、頭を守る厚手の登山帽をきっちりとかぶり、ゴム合羽を着た重装備だった。そのため、甲板で半袖シャツと鉢巻き姿で作業をし、灰が直接皮膚についた乗組員のようなひどい外傷（放射線による熱傷）はなかった。だが、灰がたまった部分に水泡ができ、顔の皮膚が黒ずみ、一週間を過ぎる頃には、帽子の外に出ていた部分の髪の毛が抜けるようになった。そして、帰港するまでの二週間のあいだ、乗組員たちは強い放射線を発する灰の付着した船の中で暮らし、汚

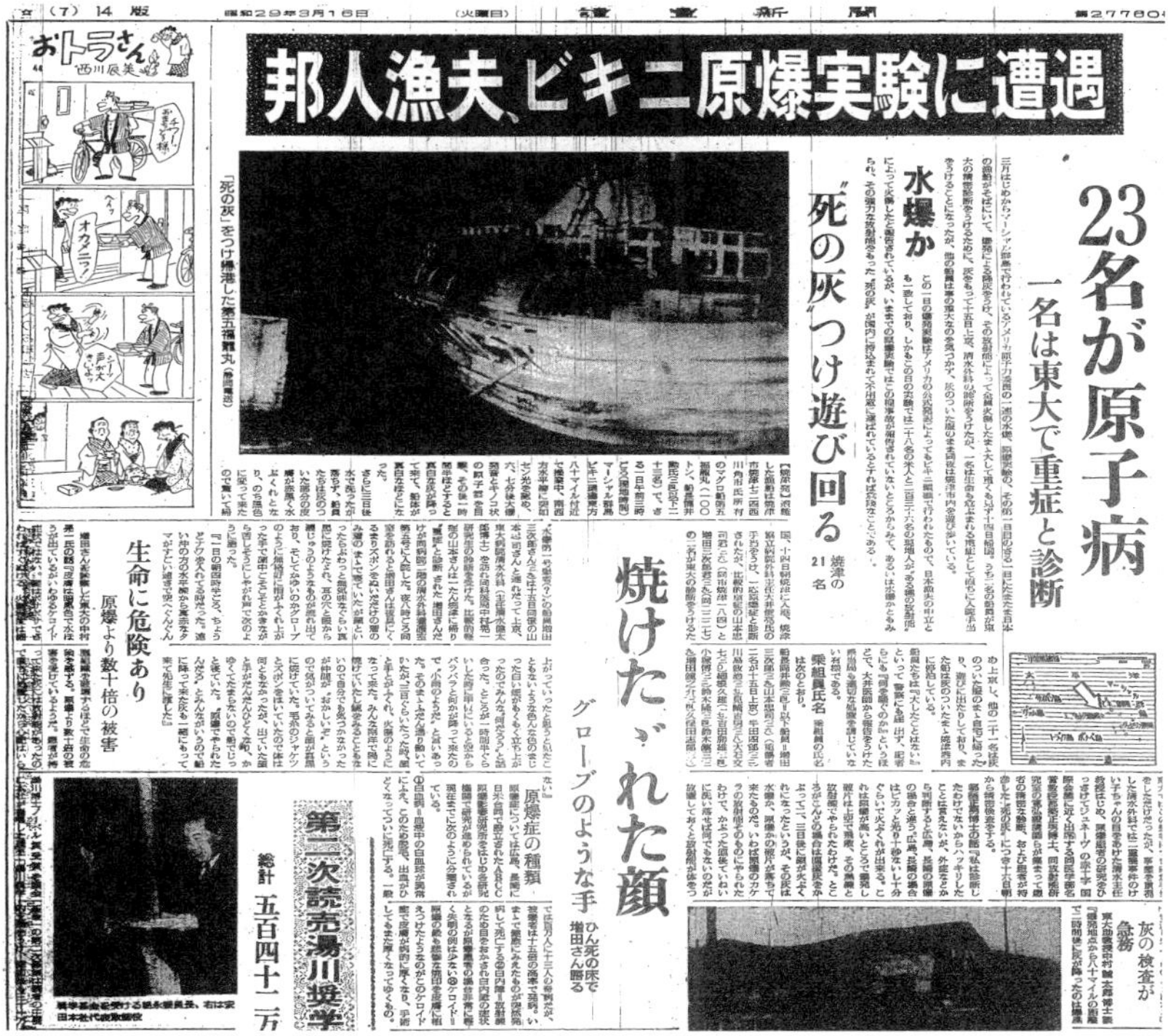

（7）14版　昭和29年3月16日　（火曜日）　讀賣新聞

邦人漁夫、ビキニ原爆実験に遭遇

23名が原子病

一名は東大で重症と診断

水爆か

"死の灰"つけ遊び回る　焼津の21名

「死の灰」をつけ帰港した第五福竜丸

焼けたゞれた顔

グローブのような手　ひん死の床で増田さん語る

生命に危険あり

原爆より数十倍の被害

乗組員氏名

原爆症の種類

灰の検査が急務

第二次読売湯川奨学

総計　五百四十一万

ビキニ事件をスクープした『読売新聞』（1954年3月16日朝刊）

染された食料や水を口にしていたのだった。

前述のような急性障害の症状、さらに入院後に確認された白血球の減少などから、乗組員たちは爆心地から一六〇キロほど離れた地点にいながら、二〇〇〇～三〇〇〇ミリシーベルトの量の（外部＋内部）被爆をしたと現在では推測されている。これは、広島の爆心地から八〇〇メートルの被爆量に相当するともいわれ、広島型原爆の一〇〇〇倍というブラボー・ショットのすさまじさを物語っている。

大石さんの記憶には、久保山さんが、〈部屋に来て「ピカドンかもしれない」と言った〉言葉が残っている。東京の無線電信講習所(現・電気通信大学)で学んだ年長の久保山さんは、〈いろんなことを知っていた〉が、放射性降下物による被爆の実態は想像を超えるものだった。久保山さんは広島の原爆記事が載った雑誌をとりだして読み返したが、そこにも灰についての記述はなかった。それでも、皆の部屋をまわって、灰を落とすために水で体を洗うようにとくり返し言ったが、体を洗う海水も放射能に汚染されていたのである。体調の変化に不安を感じながらも、乗組員たちには自分の体に何が起きているのかを知る術はなかった。半田四郎さんは、帰港したら調べてもらおうと、一握りの灰を入れた袋を二週間、枕元に置いていた。

入院生活と久保山さんの死

第五福竜丸は三月一四日の日曜日に焼津に帰港した。焼津協立病院で乗組員を診察した当直医は「原爆症」を疑い、外傷のひどい山本忠司機関長と甲板員の増田三次郎さんをすぐに東京大学医学部附属病院へと上京させた(東大には、広島で原爆被害の「日米合同調査団」に参加した被爆医療の第一人者、都筑正男名誉教授がおり、三月二二日には医師団を代表して国会でビキニ事件の被害について参考人質疑に応じ、四月には赤十字国際委員会でも報告をおこなっている)。一六日には読売新聞が「邦人漁夫、ビキニ原爆実験に遭遇」とスクープ記事を掲載、国内外に衝撃が広がり、乗組員たちは報道の嵐に巻き込まれた。東京・京都・大阪・広島から日米の専門家が焼津に駆けつけ、残った乗組員と第五福竜丸の調査が行われた。第五福竜丸の船体と水揚げされたマグロやサメからは強い放射能が検出され、魚は廃棄処分となり、乗組員全員が「急性放射能症」と診断された。

三月二八日、乗組員は米軍の輸送機によって羽田に搬送され、二手に分かれて東大病院と国立東京第一病院（旧・陸軍病院、現・独立行政法人国立国際医療研究センター病院）へ入院した。病院では手厚い看護がほどこされたが、同時に彼らの病状についての詳細なデータが集められ、アメリカ側に提供されていた。広島・長崎につづくビキニ事件の被爆者の「治療」によって、日本の被爆医療、放射線研究の水準は高まったが、内部被ばくをはじめとする放射線についての知識が国民に還元されることはなかった。

大石さんは、事件当日からの二週間、情報から遮断された海の上で不安を抱えながら過ごした。次の二週間は、「夢の中のできごとのよう」（『死の灰』）に時間が流れた。事件が「被爆」という形で自らに刻印されたことを認識していくのは、入院生活のなかでのことだった。

東京第一病院には、独身の一五人と、彼らのまとめ役として久保山さんが入院した。大石さんは久保山さんと同じ六人部屋に入った。大きな傷や痛みがあるわけでもなく、深刻な実感のなかった大石さんだが、検査がはじまり、その結果を〈具体的な数字で白血球の減少を先生に告げられ、正常と違うと聞かされる〉ようになると、〈こわさは、時間を追って徐々に感じてきた〉。入院から二週間経つ頃には、急激に皆の病状が悪化した。放射線に侵された骨髄が造血能力を失ってきたのだ。白血球の数値は一〇〇〇／μℓを割り、生命の危機も危ぶまれた。根本的な治療法はなく、感染症の予防のための大量の抗生物質の投与と輸血がつづいたが、このときの輸血が、その後、C型肝炎などの肝臓障害をひき起す原因となった。夏を迎える頃には、大石さんの容態はいったん落ち着き、七月二九日には入院後はじめて外の空気に触れた。病院の芝生に寝転んで見た夏の空は、だが、「なんだか深い井戸の中から眺めているような気がした」(『死の灰』)。

乗組員への取材は病院側によって制限されていたが、彼らは社会の動きや自分たちに寄せられる国民の同情や関心を、ラジオや新聞、全国から届く見舞いの手紙、当時放送がはじまったばかりのテレビを通して知った。子どもたちからの手紙や女学生との文通は若い乗組員の心を和ませた。乗組員たちは、いわば曇りガラスを通して見るように、「ビキニ事件」が外の世界で波紋を広げていく様を眺めていた。

事件が明らかになった直後から、各地の港に入った船からも次々と放射能に汚染されたマグロが見つかり、大量の廃棄処分が行われた。五月には全国で雨のなかに放射性物質が観測されるようになり、農産物や水への不安も高まった。一方、アメリカ政府はビキニ事件以後も「キャッスル作戦」を予定通り続行しただけでなく、政府高官や議員からは、第五福竜丸の危険区域内でのスパイ活動を示唆する発言や、放射性降下物による環境汚染や乗組員の被爆を軽視する発言が相次いだ。高圧的なアメリカ政府に対する吉田茂内閣の追随的な外交姿勢が批判的に報道され、国会でも論戦がくりひろげられた。

この間、日本政府が派遣した調査船俊鶻《しゅんこつ》丸は、太平洋の広範囲に放射能汚染が広がっている事実を明らかにし、日本の科学者は「死の灰」を分析してブラボー水爆の構造を解明した。日常生活を脅かされた人びとのあいだには水爆に対する恐怖と、広島・長崎に次ぐ三度目の被爆への憤りが高まり、各地で原水爆禁止を求める署名運動がはじめられた。

九月二三日、久保山さんは四〇歳の若さで亡くなった。その闘病生活はメディアを通してリアルタイムで報道され、人びとは生身の人間の姿を通して、改めて（多くの人にとっては、初めて）核兵器の恐ろしさを感じとった。久保山さんの死を契機に原水爆禁止署名運動は全国的な広がりをみせ、翌年には三〇〇〇万の署名とともに原水爆禁止世界大会の開催にいたる。久保山さんの死は、「原水爆の被害者はわたしを最後にしてほしい」という言葉とともに、長く記憶されることとなった。

けれども、久保山さんの最期を〈ずっと横で見ていた〉大石さんの認識は違う。久保山さんは病院でも若い乗組員たちの気持ちをひきたて、残された家族の生活や補償問題の行方に心を砕いた。アメリカからの「診察」申し入れや、政府との折衝についても皆の意見をまとめて主治医に伝えるなど、心労が絶えることはなかった。大石さんもまた、そうした久保山さんを敬愛し、頼りにしていた。その久保山

国立東京第一病院での入院生活．右から久保山愛吉さん，大石さん，平井勇さん，半田四郎さん（提供：大石又七氏）

さんが、突然、つじつまの合わないことを口走り、夜通し叫び、暴れてベッドに縛り付けられる。「背中に高圧線が走っている。焼かれる」と苦しみ、「なにやったって効きゃあしない。こんなとぁもうたくさんだ」と乱暴な口調でどなり返す(『真実』)。久保山さんの死因は、「急性放射能症とその続発症」と発表された(現在では、急性放射線障害と治療の輸血にともなう劇症肝炎が多臓器不全をひきおこしたとされている)。

脳症による意識障害にまで及んだ壮絶な最期は、当時の大石さんに、自分も同じような死に方をするのかという恐怖を呼び起こした。久保山さんに自らの姿を重ね合わせる大石さんたちに、久保山さんの母しゅんさんはこう語ったという。

駆けつけてきた久保山さんのお母さんは、俺たちの部屋に来て、「愛吉は別だ。みんなはまだ若いだけ、おまんらあ(あんたたちは)大丈夫だ、心配ないよ」俺たち一人ひとりにそう言って歩いた。小さな体と顔に刻まれたしわの中には、悲しみをかくしきれない様子がうかがえた(『死の灰』)。

しゅんさんが示した気丈さと深い思いやりは、船元の一人娘として多くの若い漁師たちの面倒をみてきた彼女の人生と無縁ではないだろう。同時に、「原水爆の被害者はわたしを最後にしてほしい」という言葉が、歴史のなかで「少しずつニュアンスを変えて語られ、書かれ、偶像化された」(『真実』)た表現だとすれば、ここにあるのは、ビキニ事件に巻き込まれた当事者一人ひとりの悲しみの姿だともいえよう。

そして、悲しみだけではなく、やり場のない強い怒りが大石さんの中に生まれたのも、このときからだった。その怒りを明確な言葉で表現するには何十年という時間がかかったが、現在の大石さんは、久保山さんをシンボルとする「運動」に理解を示しながらも、混濁する意識のなかで噴き出した久保山さんの本当の思い、苦しみこそが事実として伝えられるべきだと考えている。「原水爆の被害者はわたしを最後にしてほしい」という言葉について尋ねた私に、大石さんは次のように答えた。

〈運動のための訴える言葉をつくった、それはそれで私はいいと思うんですよ、それが役に立つなら。でも……そういう言葉を言って亡くなったっていうのが、あまりに強調されるとね、いや、事実は違うよというのも必要じゃないのかなと。それは運動家に対して、私が言いたいことなんですよね。……もっとね、その言葉よりも、その人が苦しんで吐き出している言葉の方が大事だと私は思うんです。……それが本当の久保山さんから出た真実の言葉だと、私は思うんですけどね。……でも、この言葉ね、久保山さんについて書いたり、訴える時に、やはり、一番光りますからね〉

久保山さんの死による世論の高まりに、日米政府は事件の決着を急いだ(一九五四年一二月には鳩山一郎内閣が成立し、「五五年体制」につながる政界再編の動きがはじまっていた)。年末には放射能に汚染されたマグロの調査が打ち切られ、一九五五年一月には慰謝料二〇〇万ドル（当時の換算で七億二〇〇〇万円）が支払われることになった。これはアメリカ政府の法律上の責任とは何の関係もなく支払われる「見舞金」（ex gratia）であり、日本の漁業関係者の受けた被害総額にははるかに及ばなかった。事件は「完全決着」（full settlement）したとされ、第五福竜丸以外の船舶とその乗組員たちの被爆の実態が解明されることもなかった。

その一方で、日本政府は、「Atoms for Peace（平和のための原子力）」を掲げたアメリカの新たな核戦略に呼応して、原子力発電の導入を積極的に進めていた。ビキニ事件直後の一九五四年四月には、すでに初の原子力予算が成立していたが、その後、事件によって国民のあいだに広がった原水爆に対する忌避感情と高まる反米世論を、原子力の平和利用の名の下に回収しようとする様々な動きがくりひろげられていった。翌五六年には日米原子力協定が結ばれ、アメリカからの濃縮ウランと技術の供与を受けて、国策としての原子力推進体制が整備されていく。ビキニ事件の「収束」は、原水爆と原子力／原発が異質なものとして国民に認知されていく歴史と深く関わっていた。

自分たちの頭越しに進められた政治決着の経緯など知る由もなく、一九五五年五月二〇日、二二人の乗組員は一年二カ月に及ぶ入院生活を終えて揃って退院した。吉田町に帰郷した大石さんの体調は必ずしも万全ではなかった。下痢がつづき、肝臓の炎症も残っていた。現在の大石さんは、〈政治決着によって事件が終わった以上、病人として病院に置いておくことができなくなったから、一斉に退院させたのだ〉と考えているが、当時は、「病気」が治ったたから退院できたのであり、肝臓もしだいによくなっていくのだと自分を納得させていた。その後も年に一度の定期検診がつづけられたが、大石さんは一九九二年を最後に受診をやめた。自分たちは、放射線の長期的影響を追跡調査するための研究材料だったのではないかという疑念が兆したためだった。

故郷からの脱出

帰郷した大石さんを待っていたのは、見舞金の二〇〇万円に対する羨望や妬《ねた》みのまなざしだった。日かつ連(日本鰹鮪漁業組合連合会)を通して漁業者に配分された見舞金は、経済的な損害を被った末端の漁師や小売店にまで届くことはなく、元乗組員と地元の人びとのあいだには亀裂が生じていた。一家の稼ぎ手を戦争や海難事故で失った家庭も多く、「うちでも、死ぬんなら灰をかぶって死んでくれればよかったに」(『死の灰』)といった陰口が耳に入り、借金の肩代わりを申し込まれることもあった。

〈被爆者といっても、一見して外から分かるケロイドがあるわけでもない〉元気な姿だから、よけいに同情よりも妬みを買うことになったのだろうと大石さんは回想するが、医師からは重労働の海の仕事はやめるようにと助言されていた。だが、農業をするには田畑もなく、勤め人になるには学歴もない。何ができるのかと思いあぐねていた頃、東京に住む叔父から、上京してクリーニングの修業をしないかという手紙が届く。「東京の大勢の人ごみの中に入ってしまえば、被爆の過去を知られることもなく、いやな目で見られることもないだろう」(『死の灰』)——帰郷からわずか半年後の一一月、大石さんは見舞金を元手にクリーニング店を開こうと決意して、再び、東京に向かった。その後、二〇〇四年まで半世紀の間、吉田町に足を踏み入れることはなかった。

大石さんは、大都会の「無関心」のなかで無名の存在として生きていきたいと故郷を捨てた。一四歳の漁師として海に出た大石さんの中には、前向きに人生を切り開いていく力や未知の世界へ挑戦することを恐れない心構えがあった。そうした力が少しずつよみがえって来たからこそ、新しい生活へと飛び込んでいくことができたのだろう。けれども、それは自らの意思で選びとったというよりは、故郷の人間関係、そして、その背後にある大きな力によって余儀なくされた逃亡でもあった。


二年間の懸命な修業を経て、大石さんは一九五八年五月に大田区の住宅街の一角にクリーニング店を開いた。「丸大クリーニング店」という名は、生家の鰹節業時代の屋号からとったものだった。商売が軌道にのりはじめた頃、叔父が郷里の隣町の娘さんとの縁談話をもってきた。入院中のテレビの街頭インタビューで流れた「あんな〔死の灰を浴びた〕人たちとは結婚しない」という若い女性の言葉が胸に突き刺さっていた大石さんにとっては「来てくれるだけで十分」だった。

一九五九年に結婚した妻、のぶさんに、大石さんは今まで、「ビキニ事件の被爆者だと知っていて、どうして結婚してくれたのか」と尋ねたことはない。一方、のぶさんは一九九二年のNHKのドキュメンタリー番組「又七の海」のなかで、同じ質問にこう答えている。

「若かったからね……迷ったというのはありましたよね。でもね、結婚したとたんに……不思議ね、全然不安がなくてずっと来ちゃったのね。今考えるとあれだけ悩んでいたのにね。でも、やっぱりお父さんがやさしかったから……」

しかし、二人の間には結婚の翌年に授かった第一子の死産という不幸があった。子どもは「先天異常児（奇形児）」だったが、そのことを大石さんは二〇〇〇年まで妻には明かさずに、心の底に封じ込めた。翌年に再び妊娠し「生むのはいや」とおびえる妻に、大石さんは〈もう、どうなってもいい〉と開き直るしかなかった。だが、無事に長女が、二年後には長男が誕生し、大石さん夫婦を安堵させた。

高度成長の時代、店は五人の従業員が住み込むほどに繁盛し、共同経営者だった弟も自分の店をもって独立した。大石さんは吉田町の母親を呼び寄せて看取り、子どもたちを進学させ、倶楽部を作って海外に出かけるほどに釣りに熱中し、平凡だが堅実な職業人、家庭人として第二の人生を歩みつづけた。

時折、大石さんの所在を知った放送関係者などから取材の申し込みもあったが、大石さんは断り通した。ただ、上京したばかりの頃には、新藤兼人監督の映画「第五福竜丸」（一九五九年公開）の製作時にインタビューを受けている。大石さんは新橋の旅館に三日間通って、監督やスタッフから事件当時の状況について細かく取材を受けた。新藤監督は乗組員一人ひとりに同様の取材を重ねて、宇野重吉と乙羽信子演じる久保山夫妻を中心に、久保山さんの死までの事件の経緯を再現した。公開時に映画館に行った大石さんも、〈［乗組員と恋人とのキスシーンなどを別にすればきちっと忠実にやってくれているなあ〉と思ったという。

原水爆禁止運動と忘れられる水爆被爆者

一九五四年の事件直後、五人の乗組員の出身地である吉永村では青年団を中心に被災者支援の署名運動がおこなわれたが、「アカ」との噂を立てられて一月で終息した。だが、翌年になると、全国的な原水爆禁止署名運動の展開を受けて、焼津でも久保山さんの妻、すずさんを前面に押し立てての動きがはじまった。

すずさんは、静岡県母親大会で県代表の一員に選ばれ、六月の第一回日本母親大会に出席した。七月には焼津で婦人会や未亡人会、教員組合婦人部などの主催する集会が開かれ、一五名の元乗組員たちとともに参加した。集会では、広島で開かれる八月の原水爆禁止世界大会にすずさんを代表として送ることが満場一致で決まり、すずさんは世界大会当日、壇上から内外の参加者に向かって原水爆反対を訴えた。一九五六年には日本母親連絡会から国連へ派遣されることとなったが、アメリカからのビザは出なかった。一九五七年には第一回アジア・アフリカ諸国人民連帯会議（エジプト）へ原水爆禁止日本協議会（原水協）代表の一員として参加、帰路にはネルー首相夫人の招待でインドへと立ち寄った。原水爆禁止を求める女性たちの平和運動のなかで、「世界最初の水爆犠牲者の未亡人」であるすずさんが、いかに象徴的な存在だったかが理解されよう。

だが、こうしたことは、同じ時期に隣町にいた大石さんの本では、とりたてて詳しく述べられてはいない。活動に参加したという記述もなく、大石さんに尋ねても、〈人の前に出ることはずっと嫌いだったから〉という答えしか返ってこない。身辺の小さな世界のなかで、周囲の変化にとまどい、今後の生き方について考えることで精一杯だった若い大石さんにとって、焼津の人びとの動向や原水爆禁止署名運動、そして広島の世界大会も遠い出来事だったのだろうか。

上京後には、久保山さんの命日に〈平和運動の〔墓前祭の〕コースには入らないで、乗組員だけで墓参りし、その後、久保山さんの家で話をする〉という集いを一九八四年までつづけたが、そこで大石さんが見たすずさんは、「泣いているひまもなく事件に振りまわされて、あろうことかやっかみの目や言葉を浴びせられ、疲れ果てている姿は痛々しかった」（『死の灰』）。実際、すずさんが受け取った六五〇〇万円という高額な「見舞金」は、地元の人びととの確執を引き起こし、彼女を苦しめた。一九六〇年代には原水爆禁止運動の分裂に巻き込まれ、毎年焼津で開かれてきた三月一日の「ビキニ・デー」の集会からも身を引くようになった。大石さんの目には、運動によって傷ついたすずさんの姿が焼きついているのかもしれない。

大石さんは、原水爆禁止運動の歴史的高揚も、その後の政治的な混乱や分裂も同時代に経験することなく、一九八〇年代以降にビキニ事件の証言活動をはじめ、核をめぐる時事的な問題についても積極的に発言するようになった。政党にも組織にも属さない、ひとりの被爆者という自由な立場からの発言を可能にしたのは、言い換えれば、大石さんが原水爆禁止運動の「前史」と無縁だったからかもしれない。

一九五五年の原水爆禁止世界大会では、すずさんだけではなく、広島・長崎の被爆者が登壇し、戦後一〇年にわたる苦しみを内外の参加者に向けて訴えた。忘れられていた原爆被害者の存在に光が当てられ、彼らの救援が社会的な課題として打ち出された。大会後には原水爆禁止日本協議会が結成され、もともと水爆実験による第五福竜丸の被爆からはじまった原水爆禁止署名運動は、広島・長崎の原爆被害を主軸とする原水爆禁止運動へと展開した。翌年には被爆者の全国組織である日本原水爆被害者団体協議会(日本被団協)が結成され、国家補償の要求と「ふたたび被爆者をつくるな」という原水爆禁止を掲げて運動がつづけられた。

一九五七年四月、被爆者への国費支援を定めた原爆医療法(「原子爆弾被爆者の医療等に関する法律」)が施行され、被爆者健康手帳が交付されることになった。原爆医療法は日本被団協の要求していた援護法ではなく、さまざまな制限のある不十分なものではあったが、被爆者が戦後、はじめて手にした法律だった。だが、大石さんたち「水爆」被爆者は、この「原爆」医療法から除外されていた。

原爆医療法の当初の構想には「水爆実験被災者や今後生ずると思われる原子力工業に基づく被災者等」も含まれていたが、法案制定の過程で消えていき、政府もこの法律の目的が広島・長崎の被爆者救援に限られ、水爆実験による被害者には適用されないことを強調した。また、当時の日本被団協の事務局には、原爆医療法を原水爆被爆者援護法に発展させ、第五福竜丸の元乗組員はもちろん、マーシャル諸島の住民など世界各地の原水爆実験による被害者を救援しようという「国際的な被爆者援護」の理念も存在した。そこでは、ビキニ事件の被爆者の将来の発病の可能性が懸念され、その後の原水爆実験や原子力平和利用の中で生まれるかもしれない未来の被ばく者への視点があった。

だが、わずか二二人の乗組員が日米政府や水産業界、地域社会の圧力をかわして、広島・長崎の人びとと連帯することは不可能だった。入院中にアメリカに対して裁判を起こすべきだと訴えた鈴木鎮三さんは「周りからも狂人扱いされ」孤立していった(『表と裏』)。彼らは市役所や漁業組合の指示に従って見舞金を受けとり、忌まわしい過去や周囲の偏見から逃れるように、それぞれの人生を歩みはじめた。

原爆医療法はまた、それまでの原爆被害者や被災者という一般的な表現に代わって、法律によって「被爆者」を定義した。大石さんが、現在、自らを「被爆者」と名乗るのは、そうした国家の定めた法律からはじき出された自分たちの存在証明としてである。だが、多くの元乗組員が自らの被爆という現実に再び直面するのは、事件から一〇年、二〇年が経ち、肝機能障害や癌を発症するなかでのことだった。「被爆者手帳さえあれば、医療補助や公的な援助が受けられるのに」と訴えながら亡くなっていく仲間たちを前に、大石さんは、〈あまりにも自分たちが置かれている立場が理不尽だ〉と思うようになるのだった。

ビキニ事件当時、「最高の治療」を受けることができ、アメリカから「見舞金」を支給された乗組員たちに対して、複雑な感情をもつ広島・長崎の被爆者たちもいた。だが、今度は彼らが何十年間も置き去りにされていったのである。ビキニ事件の記憶はしだいに薄れ、二二人の元乗組員たちの存在は忘れ去られていった。

Ⅱ　新たな航路へ――「語り手」として「書き手」として

一九六八年三月、ビキニ事件から一四年が過ぎたある日、クリーニング店の店主として忙しい日々を送っていた大石さんは、新聞紙上に「第五福竜丸」という文字を目にする。

第五福竜丸の「発見」と保存運動

ビキニ事件の後、文部省（現・文部科学省）に買い上げられた第五福竜丸は、東京水産大学（現・東京海洋大学）の練習船はやぶさ丸となったが、一九六七年には老朽化のため廃船処分が決まった。翌春になると、その後の船の消息が相次いで報道されるようになる。船は解体業者に払い下げられ、エンジンや機械類を抜きとられて東京湾のゴミ処分場「夢の島」に放置されていたのだった。三月一〇日には「沈めてよいか第五福竜丸」という二六歳の会社員武藤宏一さんの投書が朝日新聞に掲載された。大石さんが目にしたのも、「第五福竜丸。それは私たち日本人にとって、忘れることのできない船。決して忘れてはいけないあかし」というフレーズからはじまるこの投書だった。大石さんは元乗組員の鈴木隆さんとともに夢の島に向かい、悪臭が漂うゴミのなかに沈みかけた船にそっと乗り込む。「あまりの変わりはてた姿と、見捨てようとしていた自分の後ろめたさも手伝ってか、背中にすうっと寒いものを感じた」（『死の灰』）。

武藤さんの投書は反響を呼び、地元江東区の市民や労働組合を中心に幅広い層を巻き込んだ第五福竜丸保存運動がはじまった。人びとは募金活動をし、債権者から船を買いとり、台風で沈みかけた船から水をかき出す作業をつづけた。

また、中野好夫や吉野源三郎といった知識人たちが、第五福竜丸保存委員会を結成し運動にかかわっていった。前年の東京都知事選挙で社会・共産両党推薦による美濃部亮吉の当選に尽力した彼らには、第五福竜丸保存運動もまた、「平和を願う私たちの心を一つにするきっかけ」(「沈めてよいか第五福竜丸」)、すなわち、分裂した原水爆禁止運動の再結集、日本の平和運動の立て直しのためのひとつのシンボルと考えられていた(原水爆禁止運動は、一九六〇年代にはいると政党とその支持団体の対立に巻き込まれ、一九六三年の第九回世界大会で分裂。以後、共産党系の原水協と社会党系の原水禁[原水爆禁止日本国民会議]が別々に運動を進めていくことになった)。

一九七〇年代に入ると、第五福竜丸を東京都に寄贈し、埋立地に建設される「夢の島公園」に展示館を建設することが決まった。都から管理運営を委託された第五福竜丸平和協会は、一九七六年に開館した「都立第五福竜丸展示館」(以下、展示館と表記)を党派を越えた平和・反核を訴える場と位置づけ、入り口には「原水爆の被害者はわたしを最後にしてほしい」と刻まれた久保山愛吉記念碑も建立された。

保存運動は一九六七年から三期つづいた美濃部革新都政の時代と重なり、展示館の開設も一九七七年の原水爆禁止世界大会の再統一、翌年の第一回国連軍縮特別総会の開催と軌を一にしていた。一九八〇年代につづく反核運動の流れのなかによみがえった第五福竜丸は、だが、大石さんにとっては「忘れることのできない」船ではあっても、「忘れてはいけない」船ではなかった。できることなら、「忘れたい」船でさえあった。一〇年にわたる保存運動を見守りながらも、第五福竜丸と久保山さんが再び原水爆禁止のシンボルとされていくことへの違和感もあった。〈ビキニ事件は第五福竜丸と久保山さんだけではない〉という思いは、この頃、働き盛りの元乗組員たちが次々と発病し、亡くなる者が出てきたこととも無関係ではなかった。

同時に、大石さんのなかには少しずつ変化も生まれていた。元乗組員として取材を申し込まれても今までのように断りつづけることもなく、しだいに重い口を開きはじめ、〈あまり寄りつきたくなかった〉展示館にも足を運ぶようになった。もっとも、初めて展示館を訪ねたのがいつだったのか、大石さん自身にははっきりとした記憶はない。展示館の記録によれば、一九七七年九月に久保山すずさんが、そして一九七九年七月に大石さんら元乗組員五人が展示館を訪れたという。開館から三年後のことだった。

その後、大石さんは、展示館の職員から、一九六九年のNHKのドキュメンタリー番組「廃船」のビデオを見せてもらう機会があった。船の発見から保存運動の過程を三年間にわたって記録した番組に感心し、知らなかった多くの事実の存在に気づいた。そのことはやがて、番組を制作した工藤俊樹ディレクターとの出会いへとつながっていく。

模型船をつくる

第五福竜丸の「発見」から一五年、ビキニ事件から次年で三〇年という一九八三年は、五〇歳を前にした大石さんにとっても大きな転機となった。八月には、はじめて自分の考えを文章にして発表した。ＮＨＫの海外向けラジオ放送の「核軍縮をすすめるためには」という意見募集に投書し、採用されたのだ。

日本の右傾化と核武装の可能性を憂い、世界に広がった核の恐怖を訴えるその内容は、反核運動の高まりという時代の雰囲気に背中を押されたものともいえるが、「核を支配している方々に申しあげたい。核というものを本当は知らないのではないですか。遠くから見たり、テレビや言葉の上での核しか知らないのではないでしょうか。一度あの恐ろしい恐怖を、体で味わってみてはいかがですか」（『死の灰』）という言葉からは、大石さんが自らの体験を、そうした同時代の状況と結びつけようとしていることが分かる。「核兵器の恐ろしさを誰かが言わなければ、いつかきっと大変なことが起こる。それを知っているのは被害を受けた当事者、死の恐怖を身をもって体験してきた俺たち自身ではないのか」（『表と裏』）という思いが、大石さんのなかに生まれつつあった。

保存されている第五福竜丸船体（提供：（公財）第五福竜丸平和協会）

また、文章の書き方も知らない自分が思いのたけをたたきつけるように書いた投書がとりあげられたことも、「本当に信じられない」(『死の灰』)喜びだった。大石さんは自分の考えを少しずつノートに書きためていくようになる。

一〇月には、東京都町田市の和光中学校の生徒たちの要望に応えて、第五福竜丸の前で、榛葉《しんば》文恵先生と六人の生徒たちに当時の出来事を語った。展示館は開館当初から児童生徒の平和学習の場としての活動に力を入れており、展示館を訪ねた和光中の生徒たちが、職員から元乗組員が東京にいると聞いて、大石さんに連絡をしてきたのだった。大石さんにとっては、取材以外で自分の経験を語るのははじめてのことだったが、真剣に耳を傾けてくれる子どもたちとの出会いが、新しい扉を開いた。生徒たちのなかにいた全盲の高橋しのぶさんのために、大石さんは手にとることのできる第五福竜丸の模型をつくろうと思いたったのだ。

早速、模型制作のプロを訪ね、デパートの模型売り場や東急ハンズをまわってみたものの、自分のイメージとは合わず、費用もかかる。結局、材料集めからはじめ、釣り仲間のペンキ屋さんからもらった木切れを接着剤で張り合わせた。記憶と写真、そして第五福竜丸の元機関長山本忠司さんが送ってくれた遠洋マグロ船とサバ船の設計図(第五福竜丸や、当時の木造船の設計図はもうなかった)をたよりに、試行錯誤しながら長さ一メートルほどの船体をつくった。一〇〇円ライターやビー玉、椎茸の入った網袋、洋服のボタンが、船上の煙突や備品に変身した。

半年がかりで完成した船をもって翌一九八四年の三月一日に和光中学校を訪ねると、生徒たちは贈呈式とともに迎えてくれ、その模様が取材したテレビ局によって放送された。その後も大石さんは、数年間にわたって「とり付かれたように」(『表と裏』)七隻の模型船をつくりつづけ、出来上がった船は第五福竜丸展示館、広島平和記念資料館、長崎原爆資料館などへ寄贈された。最後の「第八号」は大石さんとともに講演会や原爆展へと「航海」をつづけ、二〇〇四年にマーシャル諸島共和国の平和ミュージアムに寄贈された。

「ブリコラージュ」(手に入る身近な材料を寄せ集めて、創意工夫しながら新しいモノをつくり上げていく「器用仕事」)という言葉を彷彿《ほうふつ》とさせる模型船づくりは、子ども時代の手づくりの遊び道具や、漁師時代の編み物を思い出す楽しい作業だったが、同時に、忘れようとしていたビキニ事件に向き合うことでもあった。大石さんは、船をつくりながら、自分のなかの第五福竜丸との「和解」を模索していたのかもしれない。

一方、高橋しのぶさんは、大石さんの印象を九年後の「又七の海」でこう語っている。

「やっぱり、死の灰、放射能を浴びたということで……常に不安な気持ちを、多分もっていらっしゃると思うんですが、でも、それを誰かに代わってもらうとか、誰かに分け合ってもらうとか、そういうことはできないし、それは他の被爆者の人も同じことだと思うんですけど……その意味では孤独……っていう……」

大石さんは、一九八七年には請われて第五福竜丸平和協会の評議員となり、仕事の合間を縫って、展示館にやってくる子どもたちに体験を語るようになる。内外の取材に応え、各地の学校や生協の集い、原爆展などでも講演をおこなうようになっていく。しのぶさんが感じとったような「孤独」を抱えながらも、大石さんの世界は広がっていった。

『死の灰を背負って』――「書くこと」の意味

一九八〇年代半ばのある日、大石さんは原爆展に同行した展示館のスタッフから「自分史」の執筆を提案された。「気楽にお茶でも飲みながらさしつかえないことを、さしつかえない程度に」（『死の灰』）と「聞き取り」の録音がおこなわれたが、長くはつづかなかった。ビキニ事件についての〈自分の記憶の中にある大事な部分は、メモにして〉書きためてあったとはいえ、系統立てて自分の半生を語り直すことは難しく、何よりも、封印した過去を言葉に置き換えることは「気楽な」作業ではなかった。

それでも、「あのこと〔傍点ママ〕」とはなんだったのか。これまで話したことがない妻や子どもたちに、残しておきたい」「口では話せないことでも文字なら言える」（『死の灰』）と、店の仕事の終わった後、家族に〈なによ、お父さん、鉛筆もって〉と笑われながら、皆が寝静まった深夜まで机に向かうようになった。自分史執筆の提案から足かけ五年あまり、懸命に勉強しながらまとめた文章を形にしたいと、いくつかの出版社に打診するが良い返事はもらえなかった。手を差し伸べてくれたのは、旧知の工藤ディレクターだった。

工藤さんは一九六七年に「廃船」の取材で大石さんに初めて出会ったが、大石さんに記憶はない。工藤さんは当時の取材ノートに「口数も少なく、おとなしそうに見えた」と大石さんの印象を記していたが、一九九〇年六月の展示館開館記念日の集いで会った大石さんは、その頃とは変わっていた。工藤さんに、手記を書いたものの出版の目処《めど》が立たないことを話し、原稿を見て欲しいと相談したのだ。相談を持ちかけることができたのは、工藤さんが「廃船」の制作者であるばかりではなく、〈非常に親しく声をかけてくれた〉からでもあった。工藤さんが一九三三年生まれの同世代で、静岡への学童疎開をテーマにした番組「富谷国民学校」の取材を通して大石さんの故郷をよく知っていることにも、懐かしさと親しみを感じたという。

工藤さんと大石さんの一年間の共同作業がはじまった。工藤さんは、大石さんの断片的な文章を筋道をつけて再構成し、句読点の使い方や送り仮名の付け方から教えた。〈なんでもいいから思い出せ、とにかく書いてみろ、まだあるだろう〉と大石さんの記憶を引き出していったが、〈絶対、上からものを言わない、そういう人だった〉。また、工藤さんは事実関係の確認のために改めて関係者への聞き取りや調査をおこない、そのことが一九九二年のドキュメンタリー番組「又七の海」へとつながった。

大石さんの手記は、工藤さんが考えた『死の灰を背負って』というタイトルを得て、一九九一年七月に新潮社から出版された。だが、すでに癌を発病していた工藤さんは、刊行の七カ月後に亡くなった。「あの人には限られた時間しかなかったのだ。それでも私の家に来て、読み書きなどおよそ縁遠い私のようなものを相手に、一つひとつ教えてくれた」(『真実』)。大石さんの悲しみは深かった。

一四歳から大人の世界で働いてきた大石さんにとって、工藤さんは、世間体や利害関係とは無縁に自分のことを考え、支えてくれる、そして今までの人生を共にたどってくれる同い年の友人のような存在だったのだろう。工藤さんという「かけがえのない大切な人」(『真実』)との出会いによって、大石さんは一冊の本を書き上げ、過去の自分と向き合い、奪われてきた人生を生き直しはじめる。人生の転機における他者との出会い、いや、人生のレールの転轍手《てんてつしゅ》のような他者との出会いでもあった。

工藤さんは大石さんに、「何度も何度も「書く」とはどういうことか教えてくれた」(『死の灰』)という。私は、大石さんは「書くこと」によって自らの過去をとりもどし、「書き言葉」という自由を手に入れ、被爆体験に深く向き合うようになったのだと考える。

『死の灰を背負って』は元乗組員の鈴木隆さんの法事からはじまり、一九五四年三月一日の夜明けへと場面が転換し、時間を遡って子ども時代の思い出が綴られ、またビキニ事件以後のクリーニングの修業時代も生き生きと回想される。こうした構成はドキュメンタリー番組の制作者だった工藤さんの発案かもしれないが、そこからは、ビキニ事件は大石さんの人生を変えた決定的な出来事ではあったが、人生のすべてではなかったことが浮かび上がってくる。

大石さんは、工藤さんに導かれて、六〇年近い自らの人生の中にビキニ事件を位置づけていった。その作業を通して、避けようもなく襲いかかってきた災厄を対象化していっただけではなく、事件によって封印した過去をも取り戻していったのではないか。人は過去を物語ることによって、過去の意味を変容させ、人生を少しずつ生きなおしていく。この本は、大石さんが「死の灰を背負いながらも」人生を新たに生きなおしていこうとするプロセスを伝えている。

書くことはまた、自己表現と自己解放の術でもある。ここでは、大石さんが「俺」という一人称の語り(自称詞)を手に入れたことに注目したい。『死の灰を背負って』は「私の人生を変えた第五福竜丸」という副題にもかかわらず、本文は「俺」という一人称で叙述されていく。このスタイルは以後の大石さんの著作にも一貫する。二〇〇三年の『ビキニ事件の真実』から、死産の第一子が「異常出産」であり「悲しい姿」だったと明かした箇所を紹介しよう。

「被爆とは関係ない」という者たちに俺は言いたい。何がどれだけ分かっているというのだ。悩みは俺だけにとどまらず、家族にもつながっていく。外からの差別や偏見より、もっと怖い身体の中の見えない悪魔におびえているのだ。「黙っていろ、しゃべらなければ他人には分からない」「そんなことは分かっている。だからしゃべるなというのか」。この圧力に対して、怒りのやり場がない。隠したいという気持ちと、被爆者の本当の悩み、苦しみを知ってほしいという気持ちとが、いつもいつも俺のなかで葛藤する(『真実』)。

「俺の話を聞け、目を背けるな、耳を塞ぐな」とたたみかけてくるような文体からは、大石さんの苛立ちと憤り、苦しみと葛藤が直截《ちょくせつ》に伝わってくる。この文体にはじめて触れたとき、思わずたじろいだ記憶が私にはある。その後、大石さんと初めて親しく言葉を交わした時、「私」という一人称で話す大石さんに質問をした。

「大石さん、本の中では「俺」ですが、ふだんお家《うち》でも「俺」なんですか」

「いや、家では言いません。「俺」は本の中だけです。自分のことを「僕」なんて言うのは恥ずかしいという世代ですし、「私」もなんかヤワな気がして。なにより、漁師時代のことを書く時には、その頃の気持ちに戻って「俺」にならないと、書きはじめられないんですよ」

「俺」という一人称は、日常からそのままスライドされたものではなく、書き言葉の世界へと入っていくための大石さんの方法論だったのだ。

ちなみに、大石さんは証言活動や講演では「私」と語り、家庭では「お父さん」「おじいちゃん」と自らを称している。「俺」はそうした複数のアイデンティティのなかの一つともいえるが、「俺」によって語られる文体を手に入れたことで、大石さんは「私」や「お父さん」では語ることのできない体験を書き綴り、自分の中にわき上がる様々な感情を解き放つことができたのだろう。

こうして、大石さんは「書くこと」によって、自らの被爆体験にあらためて向き合うようになっていく。言い換えれば、自分が何者として、誰に代わって書くかという意識が芽生える。そもそも、大石さんが、外の世界に向かって声を上げなくてはと思いはじめた直接のきっかけは、仲間たちの発病と死だった。そして、その奥には心の底に封じ込めてきた子どもの死産に対する思いがあった。元乗組員たちの人生は必ずしも順調とはいえず、転職を繰り返し、事業に失敗し離婚する者、新興宗教に救いを求め、音信不通になる者もいた。ビキニ事件の被災者であることを世間に隠して、ひっそりと暮らす者も多かった。一年に一度皆が集まる久保山さんの墓参りも、すずさんの申し出により、三〇年を節目に一九八四年が最後になった。仲間たちはしだいに離ればなれになり、昔のような仲間意識もほどけていった。

その一方で、一九七五年の川島正義さんの死去以降、『死の灰を背負って』の刊行までに、七名が肝硬変や肝臓癌を患い亡くなっていた。大石さん自身も、この頃までには、近所の医院で慢性肝炎であることが確認され、治療を受けるようになっていた。大石さんには、死んでいった仲間たちの無念さが迫ってきた。

死んだ仲間はもう何も言わない。言いたくても口がない。生き残っている俺はその人たちの分も考え、言わなければと思った。しかし、〔中略〕急に鉛筆が重くなる。書いてはいけないことを俺は書いているのかもしれない。みんなが忘れていくのを黙ってじっと待つのが、俺たち被爆者にとって一番いいことなのだ。俺の頭の中で起こる葛藤は、その日によって大きく勝ち負けが違う（『死の灰』）。

大石さんは自分史を書く＝自分自身の来し方を振り返るために鉛筆を握った。だが、しだいに、書けない／語れない仲間、死んでいった仲間の代わりに書く／語るという姿勢が生まれてくる。

しかし、それはまた、書くことが生き残った仲間や周囲の者を傷つけるのではないか、語れない者たちの代わりに書く資格が自分にあるのかといった葛藤を引き起こした。書くことと書かないこと、発言することと沈黙することの葛藤は、今でもずっとつづいていると大石さんは言う。

家族の絆

大石さんが事件について語りはじめた頃、妻ののぶさんは「理屈では大切なことと分かっていながらも、お母ちゃんは自分の子どもたち（の縁談）に不利になるのではないかと心配していた」（『死の灰』）。一方、長女の佳子《よしこ》さんによれば、子どもたちにとって、家庭は〈ものすごく緊張感のある場所〉だった。家族を大切にする父親ではあったが、〈今の父と昔の父は全然違う〉という。家族を大切にする父親ではあったが、
大石さんは家族でテレビを見ている最中にも、〈ものごとにはいろいろな見方がある。一つの見方だけをするな〉と諭すような厳しい父親であり、父の過去については何となく分かってはいたものの、父の心の中の〈重たいもの〉は、〈家族も触れてはいけないものだった〉。

そのような大石さんが、誰よりもまず、妻と子どもたちに残したいと書いた『死の灰を背負って』を、家族は黙って受け入れた。子どもの死産の件についても「被爆者の涙」という見出しをつけて触れたが、それでもまだ、家族や仲間たちの動揺を考えると〈わざとあいまいな書き方〉に終始した。

とりたてて読後の感想を述べることもなかった家族だが、佳子さんはビキニ事件に関するニュースや新聞記事を見つけると、大石さんに教えてくれるようになった。海外メディアの取材記事

を大石さんのために日本語に訳すのも、佳子さんの仕事となった。

また、大石さんが語るもう一つの忘れがたいエピソードが、佳子さんの結婚に関するものだった。最初の縁談は自分のせいで破談になったが、次に結婚を考える相手ができたとき、娘は相手をまず第五福竜丸展示館に連れて行き、「私のお父さんはこの船に乗っていた」と告げて結婚に至ったのだと、大石さんは少し誇らしげに語ってくれた。

一方、佳子さん夫婦の記憶は、実はそれほど鮮明ではない。見合いの破談の理由も、ビキニ事件のことを知って動揺する相手側に対する不信感からだったが、大石さんには自分のせいだという「負い目」があったために、その後の出来事がことさらに記憶されているのだろうと佳子さんはいう。いずれにせよ、佳子さんの行動は、大石さんにとって、娘が自分の過去を受け入れてくれたというだけではなく、彼女自身が「被爆二世」という自らの生を受け入れようとする出来事としても記憶に残ったのだろう。佳子さんの不安は、むしろ結婚後の妊娠にあったが、「そういう子が生まれたら、二人で育てていけばいいじゃない」という夫の言葉で結婚に踏み切ったという。

そして、佳子さんもまた、大石さんは、高橋しのぶさんと出会った頃から大きく変わりはじめたと考えている。ビキニ事件の語り手から書き手ともなった大石さんは、やがてビキニ事件の「真実」を見極めるために学びつづけ、怒りをもって二〇世紀の核政治を告発するようになる。家族は、そんな大石さんを支えていくのだった。

Ⅲ　終わらない旅の途上で

明かされる事実と「いのちの岐路」

『死の灰を背負って』の出版により、大石さんの存在は世間に知られるようになった。近所の人やクリーニング店のお客さんにも、〈そういう人だったの〉と声をかけられたが、そこには、故郷で味わった妬みや偏見とは異なる同情や理解が感じられた。大石さんは〈同じ日本人でどうしてこんなに違うんだろう〉と思うとともに、気持ちが楽になった。こうした周囲の雰囲気は、大石さんがその後も発言をつづける力となり、助けにもなったという。

一九九二年には工藤さんの遺志を継いだＮＨＫのスタッフによって「又七の海」が制作され、『死の灰を背負って』の朗読をベースにビキニ事件と大石さんの人生が紹介された。前年には日米の外交文書の一部公開もはじまり、事件の再検討の機運が高まりつつあった。同番組の東野真ディレクターは、その後も取材を重ね、一九九四年には「原発導入のシナリオ――冷戦下の対日原子力戦略」を制作し、日本国民の「核アレルギー」を「毒をもって毒を制する」ためにおこなわれた日米双方の工作を明らかにした。大石さんは、ジャーナリストや報道関係者からもたらされる新たな情報、時には原資料に触れ、「自分の関わった限られた狭い範囲」（『真実』）しか見えていなかったビキニ事件を、しだいに歴史的なパースペクティブのなかでとらえるようになる。

『又七の海』では、放射線医学総合研究所（現・独立行政法人放射線医学総合研究所。以下、放医研と表記）が久保山さんの臓器を保存していることや、乗組員の追跡調査を行ってきたことも放送された。放医研はビキニ事件を契機に一九五七年に設立された国立の研究機関であり、大石さんは被爆の後障害を心配して年に一度の入院検査を欠かすことなくつづけてきた。番組内では、元乗組員の追跡調査は「将来、〔原発事故などによる〕被ばく患者がでた際に役立つことが期待されています」と説明された。事件の政治決着とともに推進された日本の原子力政策のなかで、大石さんたちの症例は「将来の被ばく者」のための貴重なデータとされていたのだった。

また、かつて乗組員の主治医だった放医研の元所長が「〔乗組員たちのデータは〕ふつうの人と比べてリンパ球の染色体異常率が高いですよね。おそらくこれは被爆のなごりと思う。ただ、それと癌とを結びつけるデータは、今のところない」とインタビューに答えた。この発言を、大石さんは「先天異常」で生まれた子どもの死と関連する事実として、憤りとともに受け止めた。何よりも、長年の検査結果が貴重な研究データとして保存される一方で、そこで明らかになった事実が当事者である自分たちには適切に知らされてこなかったことへの憤りだった。

大石さんは一九八四年の放医研の検査で肝機能の数値の異常を指摘され、近所の医院に通うようになった。一九九二年の検査では、大石さんの問い合わせにもかかわらず、放医研はC型肝炎ウィルスの感染結果を知らせてはくれなかった。『又七の海』では、大石さんが他の病院で改めて精密検査を受け、そのまま入院する様子が、「肝臓の炎症が、ことのほか進行している」というナレーションとともに映し出される。番組ではそれ以上の説明はされていないが、大石さんの肝炎はC型肝炎ウィルスによるものであり、さらに肝硬変に進みかけていることが判明したのだった。

「心のよりどころ」としてきた放医研の関係者が、久保山さんの死を「放射線被爆による影響だと決めるには医学的データが足りない」と語り、自分たちを「モルモット扱い」してきた。大石さんは「一〇人の仲間も、放医研ではすべて分かっていながら手当てもされず死んでいったのでは」(『真実』)と不信を募らせ、以後、検査を受けることをやめる。その後、毎日新聞の調査によって、放医研が一九九一年から乗組員のC型肝炎ウィルスの有無を調査しはじめ、感染を確認しながら告知せず、研究機関であることを理由に治療もしなかったことが詳《つまび》らかにされた。

一連の事実が明らかになるにつれ、大石さんは「やった側」の責任の所在についても意識しはじめる。番組では、病院でパジャマ姿の大石さんが固い表情で語る。

「やった側に責任があるのか、ないのか知りたいですよね。そういうことすらも、何も答えとして出ていないで来ちゃってますからね。無視されて来たという状態ですからね。非常に不満ですよね。何のための犠牲だったのかも、そのへんのことも聞かせてもらいたい。誰かのためになったのか、この犠牲ってものが。本当の無駄の犠牲だったのか」

大石さんはC型肝炎ウィルスを体内から排除するためのインターフェロン療法をつづけたが、その効果が出る前に肝臓癌が見つかり、一九九三年一一月に剔出《てきしゅつ》手術がおこなわれた。四〇年前の記憶がよみがえる二度目の「いのちの岐路」で、大石さんは死を覚悟しながら、もう一度元気になれたら「何でもする。世の中のためにも何でも」(『表と裏』)という思いで手術に臨んだ。手術の後には、久保山さんや死んでいった仲間たちが集中治療室に現れた。彼らは話しかけてはこなかったが、近くにいて自分を見ていることが生々しく実感された。手術後の経過は必ずしも順調ではなく入院生活は長引いたが、同じ病院で「心配しながらも、待ちに待った初孫が五体満足で生まれ」(『真実』)、孫と同じ日に退院するという偶然も重なった。

その後、切除後の肝臓の再生治癒も進み、癌が再発することもなかった。後にはC型ウィルスを完全に排除できたことも分かった。大石さんは、父親が国柱会に傾倒し家庭を省《かえり》みなかったことから、自らは神仏に頼らず、特定の信仰をもつこともなく生きてきたが、「〔自分は〕本当に運がいい。いや運だけではない、やっぱり誰かに守られている。ご先祖様だろうか、それとも死んでいった仲間たちだろうか」(『真実』)と感じた。また、手術後にはNHKの番組「キューバ危機十月の悪夢」(一九九二年)を見て、核戦争の恐怖と自分の体験をあらためて結びつけて考える機会もあった。

第五福竜丸との「再会」以来、大石さんは少しずつ変わりはじめた。保存運動がおこなわれ展示館が開設されると、展示館は大石さんにとって人との出会いの場ともなった。高橋しのぶさんのために模型船をつくり、工藤さんとともにはじめての本を書いた。その本をもとにしたドキュメンタリー番組の制作に協力するなかで、隠されていた事実を新たに知り、ビキニ事件についての見方も変わりはじめた。第五福竜丸「発見」からの四半世紀のなかで、こうしたいくつかの出会いを経て、大石さんはビキニ事件の証言者となっていった。そして、六〇歳を前にしての死からの生還は、それまでの自分の人生を総括し、新たな行動へと積極的に進みでるスタートともなった。大石さんは〈人間が変わった〉とも表現した。

多くの仲間が死んでいくなかで、自分は様々な偶然や出会った人びとに助けられ、社会に向けて訴える時間も残されている。なにものかによって生かされ、役割を与えられているのではないか——大石さんには、〈迷わず向かうという思いが自分のなかにできた〉。

深まる認識と手づくりの運動

一九九四年の一月に病院を出た大石さんは、〈〔社会的〕活動と商売とのバランスは半々でいい、夫婦二人が生活できていければよい〉と考え、今まで以上に社会に向けての行動をはじめた。退院から二カ月後には日本被団協に直接電話をして入会を申し込むものの、断られたという。日本被団協は各都道府県の被爆者団体の全国的な協議会であり、個人が直接入会するという組織形態はとっていない。そうした手続き上の行き違いがあったとも考えられるが、大石さんには入会を拒絶されたという認識が残った。大石さんが入会を望んだのは、〈同じ被爆者だから〉であり、ビキニ事件の被爆者には相談の窓口もない状態のなかで、〈自分には入ってこない情報や資料が知りたい、中の人たちの考え方が知りたい〉と思ったからだった。だが、原爆被爆者以外の被ばく者の存在は、当時は、一般にもほとんど意識されてはいなかった。

大石さんは、なぜ、自分たちが被爆者とみなされていないのかという歴史的な経緯に改めて目を向け、水爆被爆者の実態と苦しみを、そして核兵器廃絶を訴えるようになっていく。『ビキニ事件の真実』によれば、講演活動は一九九五年に一九件、九六年に二五件、九七年に四四件と増加した。展示館のみならず各地の学校、平和団体の集会、市民運動や商工会議所、労働組合、生協、宗教団体の集まりなどに出かけ、国際会議でも発言し、海外メディアの取材にも積極的に応えた。招かれて広島、長崎へもはじめて足を運び、両地の資料館では、「知っているつもりだった」原爆被害の惨状に改めて鳥肌が立った。

一九九五年に広島で開かれた「被爆五〇年国際シンポジウム」では世界各地から集った核実験の被害者たちと出会い、自分たちと同じ、〈あるいはそれ以上の苦しみを生きている現実の人を見た。世界中に苦しんでいる人がいると感じた〉。大石さんはまた、冷戦終結後の核の拡散はもちろん、イラク戦争時の自衛隊の海外派遣に不安を募らせ、増え続ける原発を懸念し、一九九九年に東海村の核燃料加工施設でおきた臨界事故に対しては、責任は「ビキニ事件が放射能の恐ろしさをあれほど教えているのに、あわててふたをし」た政府にあり、「起きて当然の事故」(『真実』)だと考えた。ビキニ事件を歴史的にとらえるようになった大石さんには、核兵器と原子力は同根のものであるという理解が生まれていた。

ビキニ事件そのものについての認識もいっそう深まっていった。事件当時、汚染された魚を廃棄した船舶は(一九五四年末までに)八五六隻にのぼり、一万人を超える乗組員が被爆したといわれる。アメリカ統治下にあった沖縄の船や、台湾・韓国をはじめとする外国船も被爆しており、市民の手で調査が行われた事例もあるとはいえ、被害の全容はいまだに不明である。大石さんは多くの乗組員たちが、生活のために、また差別を恐れて被爆の事実を自ら隠し、気づかないまま発病し、命を落としていったのではないかと考える。また、「アカ」と呼ばれるなどの圧力によって補償要求の声を抑えられた漁業関係者の不満が、形を変えて、「見舞金」を受けとった自分たちに向けられたのだと理解するようになった。大石さんは、国際政治のみならず、民衆の貧困や意識の問題まで含めて、ビキニ事件を構造的に捉えるようになった。

また、この時期、講演活動とともに、大石さんが力を注いだのがマグロ塚の設置だった。現在、展示館の脇には、「マグロ塚」と刻まれた二トンほどの立派な石(伊予の青石)が設置されている。これは、ビキニ事件の際に廃棄された大量の汚染マグロの記憶、ひいては核実験による生態系の破壊と海洋汚染の記憶を、石碑によって百年千年先にまで伝えようと、大石さんが考え出したものである。

一九九五年一二月、東京都は都営地下鉄大江戸線の築地市場駅建設工事に際して、ビキニ事件当時に埋められた「原爆マグロ」(当時、第五福竜丸が水揚げしたマグロはそのように呼ばれた)の発掘をおこなった。マグロの骨は出てこなかったが、その様子を見ていた大石さんは、その場所にマグロ塚の石を置こうと思いつく。講演で訪れる学校の子どもたちに一〇円募金と署名を呼びかけ、仕事の後に夜遅くまで賛同を求める手紙をしたため、妻と二人で宛名書きをした。集まった募金で太平洋の青い海と波を連想させる石を買い、石に字を彫るために書道の通信教育で特訓を受けた。東京都との交渉の結果、マグロ塚は築地市場の移転再整備が終わるまで第五福竜丸展示館が預かることとなり、現在の場所に置かれている。

大石さんは、さらに、この運動を末永く継続するためにと「築地にマグロ塚をつくる会」を立ち上げた。趣旨に賛同して入会した人たちとともに、核と平和について考えようと、関東の戦跡めぐりや、中部電力浜岡原子力発電所や米軍横須賀基地への日帰りバスツアーにも出かけた。ツアーには幼かった孫を連れて行くこともあり、ビキニ事件についてことさら語らなくとも、孫たちも祖父のやっていることを自然に理解するようになった。家族を大切にする姿勢は以前と変わらなかったが、大石さんには別人のような明るさが生まれていた。私がこの会に出かけたときにも、展示館前の芝生で語らう参加者に、大石さん一家は家族総出で手づくりのごちそうをふるまっていた。著作から受ける厳しく孤高のイメージとは異なる楽しげな大石さんと家族の様子は、今でも鮮やかに印象に残っている。

このようなマグロ塚設置の活動は、「手づくりの運動」という言葉がふさわしいものだが、そこには、同時期の第五福竜丸のエンジン保存復元運動に対する大石さんのささやかな抵抗があったようにも思われる。一九九四年、かつて第五福竜丸から抜き取られ貨物船に転売されたエンジンが、和歌山県熊野灘の海底で発見された。その後、引き揚げたエンジンを第五福竜丸展示館へ設置しようという運動がはじまり、平和団体や市民による募金活動が展開された。東京都がエンジン受け入れを表明した後は、各地で展示と平和集会を開きながらエンジンを東京に運ぶ「反核巡礼の旅」がつづけられた。二〇〇〇年一月には錆び止め加工を施されたエンジンが展示館前の広場に設置され、「エンジンお帰りなさい集会」が盛大におこなわれた。マグロ塚が展示館脇に置かれたのは、その二カ月後のことだった。

大石さんは、第五福竜丸と久保山さんだけに焦点が当てられ、他の乗組員の苦しみが忘れられることに異議を申し立てていた。そして、エンジン復元運動の最中にも、三人の元乗組員がひっそりと息をひきとっていた。大石さんの目には、エンジンの六本のシリンダーが乗組員たちの卒塔婆《そとば》に見えたという。エンジン復元運動は、いわば、第二の第五福竜丸保存運動だったが、「お帰りなさい集会」の取材に来た記者に、大石さんは、「エンジンそのものは、私にとってはただの鉄屑です。〔亡くなった〕機関員たちの姿が重なって、エンジンの中に魂を見ます」(『真実』)と語った。大石さんは、多くの人が何気なく手を触れるような素朴な石に、ビキニ事件で損なわれたいのちの記憶を託そうとしたのだった。

いのちの尊厳を取り戻すたたかい

大石さんがビキニ事件の政治的背景に踏み込んでいくにつれ、その率直な言動が波紋を引き起こし、焼津に残る人たちとのあいだに軋轢《あつれき》が生じることもあった。一九九三年に亡くなった久保山すずさんは、晩年にはビキニ事件の体験を地元で再び語りはじめていたが、「又七の海」の制作には必ずしも協力的ではなかった。大石さんは「どこからか圧力がかかったのか」(『真実』)と感じたが、後には、大石さんが体験を語り継いでいることを、すずさんも好意的に受け止めていたと伝え聞いた。

一方で、二一世紀に入ると、焼津でも、従来の平和運動にとらわれずに市民の手でビキニ事件を捉えなおそうという動きが生まれ、五〇年ぶりに事件について語りはじめる元乗組員も現れた。ビキニ事件についての市民講座や町おこしのイベントが開かれ、「焼津流」の市民の運動は、やがて、岡本太郎の壁画《明日の神話》の招致活動や、二〇一〇年の「焼津平和賞」創設（第一回は第五福竜丸展示館が受賞）へと展開した。

だが、大石さんはもともと焼津の出身者ではなく、事件直後に故郷を離れて以来、長く東京に暮らしていた。一九九〇年代後半に、再び焼津の人びとの前に登場した大石さんは、平和という「教訓」を引き出すための「過去の物語」ではなく、今ここにある「現実」として、ビキニ事件を突きつける存在だった。自分を動かしているのは「怒り」だと強調する大石さんは、旧来の「平和運動」にも、新しい「市民運動」に対しても緊張感を保ちつつ、自分や仲間たちが今も苦しんでいる生死の問題、現実の政治・社会に深くかかわる問題としてビキニ事件を提示しつづけた。

一九九七年の合同慰霊祭と、その後の船員保険再適用の申請は、その意味でも象徴的な出来事だった。焼津での合同慰霊祭は、大石さんの発案で第五福竜丸の船元の菩提寺を借り、離ればなれになった仲間や遺族たちも集まってとり行われた。亡くなった一一人の戒名の前で、大石さんは、「今でもあなた方の死は「被爆とは関係ない」と言われています。みなさんの不本意な死は、このままでよいのか、加害者の責任はどうなのか。あらためて基本に立ちもどり、問いなおす必要があります」(『真実』)という弔辞を、死者と生者に、そして自分自身に向けて読みあげた。

一九九八年には、Ｃ型肝炎が悪化し病状が進行する元乗組員の小塚博さんを救おうと、静岡県の平和団体や弁護士が代理人となり、船員保険の再適用を静岡県に申請した。発病の原因は船員時代の被爆にあるとして、医療費の支出を求めるものだったが、結果は不適用となり、不服申し立ても棄却された。第五福竜丸時代から心を通わせ、親しくつきあってきた小塚さんを、大石さんは、仲間たちの汚名を雪《そそ》ぐためにもと励ましつづけた。「汚名」とは、飲酒や不摂生が原因で死んだといわれることであり、大石さんもまた、放医研の医師から肝臓が悪いのは「クリーニングの洗剤に何か悪いものがあるのでは」(『真実』)と言われていた。

「小塚さんを励ます会」が国に再申請をおこなう際には、大石さんは病床の小塚さんの代理人となり、二〇〇〇年五月に開かれた厚生省社会保険審査会の公開審査に出席した。公開審査の模様は『ビキニ事件の真実』に詳しいが、大石さんは最後に持参したメモを読み上げ、自分たちの肝機能障害や癌の発病が被爆によるものであると主張した。また、死産だった子どもが「奇形児」だったと明かして被爆との関連性を訴え、四一年間の苦しみを述べた。

同年八月、大方の予想をくつがえして申請が認められた。大石さんは、国が「排除」ではなく「救済」の道をとってくれたのだと理解し、発病と被爆との関係がはじめて認められたと喜んだ。その後、大石さん自身の船員保険の再適用も認められ、また元乗組員の遺族年金を求める申請にも部分的に成功した。だが、これらはいずれもＣ型肝炎ウィルスに由来する内臓疾患のみに保険適用を認めるというものだった。ウィルス感染は被爆治療の輸血によるものであり、被爆と感染は一体のものだと主張してきた大石さんは、「俺たちはC型肝炎ウィルスを被爆したのではない」（『真実』）という思いをもつようになる。

一連の申請の結果、元乗組員は国から被爆者として認められたわけではなく、船員保険という間接的な方法による医療援護の道が開けただけだともいえよう。大石さん自身も、現在では、被爆と発病の関連が結果的には切り捨てられ、C型肝炎の救済という名目にすり替えられてしまったと考えている。だが、申請活動を人権回復の「たたかい」と位置づけた支援者たちとともに、大石さんは、忘れられてきた水爆被爆者の存在を、国と社会に向かって訴えた。そこには奪われてきたいのちの尊厳を取り戻そうとする不屈の精神があり、大石さんが口にする「怒り」とはどのようなものであり、誰に向けられているのかを知ることができる。

大石さんがひとりで考え抜き、読み上げた審査会でのメモは、次のように結ばれていた。半世紀近くをへて大石さんがたどりついたビキニ事件の認識、そして被爆者としての自己認識が、余すところなく語られているといえよう。

私たちは、公の海で操業中にアメリカの水爆実験で被爆させられた、まぎれもない被爆者です。加害者のアメリカからわずかな見舞金を受け取り、今後一切アメリカの責任を問わないと言って政府はその年の内に政治決着を結び、すべてを解決済みにしました。その時点から、私たちは被爆者でありながら被爆者でなくなり、宙に浮いてしまいました。〔中略〕仕事中の被爆が原因で発病していることは間違いないのですから、是非「被爆災害者」として認めていただきたいのです（『真実』）。

学びつづける人

一九九〇年代後半からの大石さんの活動は、『ビキニ事件の真実――いのちの岐路で』（二〇〇三年）と『これだけは伝えておきたい　ビキニ事件の表と裏――第五福竜丸・乗組員が語る』（二〇〇七年）という二冊の本にまとめられた。自らの人生のなかにビキニ事件を位置づけるために、生い立ちから語られた『死の灰を背負って』とはちがい、これらはタイトルが示すとおり、事件の「真実」と「表と裏」の全容を訴えるために執筆された。

大石さんは、米国の資料を渉猟した研究者やジャーナリストたちによって次々と明らかにされる新たな事実についても、著作のなかで検証した。被爆当時の第五福竜丸の位置をめぐっては、公開・発見される資料によって報告された船の位置が異なることが分かってきた。大石さんはそれらを読み比べながら、一言でいえば、〈海に線など引かれていない〉と主張する。公海上に一方的に引かれた目に見えない線の上を、何も知らされないままに〈船が出たり入ったりして〉操業し被爆したのだとしても、それは正式な通告もないままに実験を行ったアメリカこそが、国際法に違反した加害者なのだと大石さんは考える。

大石さんは、〈ある時点までは全く見えていなかったことが、つなげるという感じで見ていると分かってくる〉とも強調するが、そこには大石さんの知性、言い換えれば「学びの姿勢」がある。〈事件そのものが大きく、大事な意味をもっているから、いろいろな人が大事なことを教えてくれるようになった。そして、それによって、私もいつのまにか知識がついていく。その積み重ねで学んできた〉というように、大石さんは多くのジャーナリストや研究者、医師たちに支えられてきた。同時に、水爆実験の被害を解明してアメリカの核情報の独占を切り崩した日本の科学者たちが、核をめぐる権力の隠蔽性とアカデミズムの閉鎖性のなかで変質する姿も見てきた。学校教育から排除され独学のアマチュアとして学びつづけてきた大石さんは、その学びによって、貴重なデータとして対象化された存在から、自ら発言し告発する当事者へと生まれ変わった。

また、『死の灰を背負って』を印象づける深い悲しみや、幼い日々への郷愁に代わって、二冊の著作では大石さんの「怒り」が前面に打ち出されている。ビキニ事件は、政治決着によって法律上の責任を問われることのない「過去の事件」とされた。アメリカ政府は当時も今も、久保山さんは輸血による肝炎で亡くなったのであり、水爆の犠牲者ではないという立場をとる。他の乗組員たちも日本政府から被爆者と認められることなく、世間からも原水爆禁止運動からも忘れられていった。大石さんは歴史の隠蔽に向き合い、「唯一の被爆国」を名乗りながらアメリカの核の傘の下での「現実」を優先する政府を批判すると同時に、国民的な歴史の忘却をも問いただす。

同時に目を引くのは、「この事件が、いかに重要な役割を果たしたか、警告を発して地球汚染を食い止めたか」(『真実』『表と裏』)という、ビキニ事件の歴史的評価の変化である。自分たちの犠牲は無駄ではなかったという「自負」は、「怒り」とは一見相矛盾するようだが、ともに大石さんのビキニ事件の本質に対する理解であり、現在の大石さんは、ビキニ事件は〈自分たちだけの事件、被害ではなくて、その後ろには大変、大きな、人類にかかわるような問題があった〉と考えている。

二〇一一年夏に刊行された『矛盾』では、〈人類は平和を願いながら、何故、核兵器など作ってしまうのだろう。戦争が絶えない根拠はどこにあるのだろう〉という根源的な考察が綴られる。そこでは、〈ビキニ事件のことだけを語っていればよい〉という「元乗組員らしい振る舞い」を求める声を越えて、大石さんが今、見ている世界が開示される。

大石さんの二一世紀

大石さんは、二〇〇二年と二〇〇四年にはマーシャル諸島共和国(一九八六年独立)へ、二〇一〇年にはNPT(核不拡散条約)運用検討会議が開かれたニューヨークへと出かけ、それぞれの地で、ビキニ事件の被爆者やネバダの核実験場の風下地区の住民と交流し、ビキニ事件について訴えた。マーシャルの二度の旅にはテレビ局のスタッフが同行し、現地での様子を収めた番組が放映された。妻ののぶさんとのはじめての海外旅行でもあったニューヨークでは、第五福竜丸の大漁旗を掲げて二人で反核パレードを歩いた。

三・一一後の今、これらの旅を振り返って、大石さんは、マーシャルの人びとの内部被爆による健康被害がいまだにつづいていることに、人間の想定を越えた放射線の影響を憂い、以前にもまして、アメリカの〈核兵器に対する意図がはっきりと見えるようになってきた〉と感じている。また、アメリカでは出会う人が誰もビキニ事件のことを知らなかった(会に参加した日本人からもビキニ事件という言葉が出なかった)ことの意味を、原発事故に結びつけて考えるともいう。一方、

『ビキニ事件の真実』がＡＦＳＣ（American Friends Service Committee、クエーカー派のキリスト教団体）のメンバーの目に留まり、日米の多くの人の尽力で英訳が刊行されたことで、大石さんの「アメリカ人」に対する見方も変わりはじめた。

大石さんは二〇一〇年末に五二年間つづけたクリーニング店を閉じ、講演と執筆活動に専念するようになったが、三・一一以後はビキニ事件の政治決着と原発導入の歴史についての話を求められる機会が増えた。また、マーシャルとニューヨークへの旅は日本原水協からの依頼によるものだったが、大石さんは二〇一一年夏に福島で開かれた原水禁主催の世界大会にも出席し、「福島原発の大事故は今から五七年前に起こったビキニ事件の原点に遡って考えなければ正しい答えは出てこない」と訴えた。原水協、原水禁をはじめとする、どのような団体に対しても、大石さんは、〈その組織の中に入ることはしたくないけれど、自分が〈それぞれの活動の趣旨に〉賛成できることであれば、そこに行って話をしましょう〉という姿勢を貫く。

最後に、大石さんが未来への希望を子どもたちに託していることに触れておこう。大石さんは、展示館での修学旅行生をはじめとする児童生徒への証言活動をライフワークとして位置づけている。いわば平和ミュージアムにおける「証言員」としての役割を自らに課しているともいえるが、話を聞いた子どもたちには、かならず感想文を書いてもらう。〈文章化することで話の内容が頭の中に根付く〉からであり、〈理解はしても行動することのない大人にではなく、大事なことをストレートに受け入れてくれる子どもたちに自分の体験を伝える〉ことが、世の中を変えていくと考えるからだ。

大石さんは、展示館で和光中学校の生徒たちに話をしたことから、目の見えない生徒のために船の模型を作りはじめ、やがて妻や子どもたちに自分の体験を伝え残しておきたいと文章を書くようになった。語ること、作ること、書くこと——大石さんはいつも顔の見える目の前の存在とのつながりのなかで行動してきた。そして、そのつながりから、自らの新しい人生の局面が開けてきたのだった。

マーシャル諸島訪問の際にも、まず最初にマーシャルの子どもたちのことを考えた大石さんは、「マーシャルの島にミサイルは似合わない。子どもたちの歓声と高々とあがる凧がいちばん似合うのだ」（『真実』）と手作りの凧を持参することにした。孫が小学校で作ったスーパーのレジ袋の凧を型にして試作を重ね、多摩川の河原で一緒にあげてみるなどの下準備をし、マーシャルの子どもたちとの凧あげを楽しんだ。そのマーシャル諸島訪問で得たことは何だったのか、どのような感慨をもったかという私の質問に対して、大石さんはグローバルな被爆者の連帯や、アメリカの世界戦略に翻弄される小さな島の運命についても語ったが、最初に口をついて出てきたのは、意外な言葉だった。

大石さんは、〈海の青さ〉と答え、私は一瞬、虚を衝かれた。

〈日本の近海にはない海の青さに、ああ、昔自分たちが漁をしていた海だなと思い出した〉。ビキニ事件から六〇年近い歳月が流れたが、大石さんの心の底には、降り積もった「死の灰」だけではなく、二〇歳の漁師として生きた青い海があった。

あとがきに代えて

数年前、私はひとりの読者として大石又七さんと出会った。『ビキニ事件の真実』の「俺」という語り口に衝撃を受け、まっとうな怒りに圧倒された。それからしばらくして、大石さんの講演会に足を運び、厳しい面差《おもざ》しに気後れしながらフロアから質問をした。

「ビキニ事件の体験者であることを隠し沈黙してきた大石さんが、世の中に向けて事件のことのみならず時事的な問題にいたるまで、様々なことを強く訴えるようになったのは何故でしょうか。今の大石さんを突き動かしているものと、ビキニ事件の経験はどのようにつながっているのでしょう。具体的なきっかけとなった出来事、人との出会いがあったのですか。それともいくつもの出来事の積み重ねによって、そうした転回にいたったのでしょうか」――そのようなことをいろいろと尋ねた記憶がある。大石さんは「これがきっかけだなんて一言で言えるような出来事はない。本当にいろんなことがあったんです。とても一言では言えない、簡単には言えない」と複雑な笑みを浮かべながら答えられた。

その後、大学の授業にゲストスピーカーとしてお招きするなど、個人的に接するようになった大石さんは、とてもやさしく、誰に対しても分け隔てなく心を開いていこうとする方だった。それでも、あのときの、もどかしさと苦渋と怒りが混ざり合ったような笑みは何だったのだろうという思いは、ずっと胸の中に沈んでいた。

三月一一日の東日本大震災につづく福島第一原発事故の混乱のなかで、私がくりかえし思ったのも、一週間前にお会いしたばかりの大石さんのことだった。「内部被ばく」や、ビキニ事件と原発導入の経緯については、大石さんの本や話を通して知っていたはずだったのに、それがいかに生半可な理解であり、自分の身の上とはほど遠い出来事として受け止めていたかが、心身を脅かす痛みとして迫ってきた。二〇年以上、戦争や原爆の体験と表現について研究しながら、私は、なんと不十分な「聞き手」だったことか。今回、大石さんに何度もお話をうかがいながらこの本を書き上げたことで、私は、少しはあのときの大石さんの笑みを理解できただろうか、そして、少しは良い聞き手になれただろうか。

原発事故から二週間ほど経った頃だろうか、「原子炉の炉心溶融《メルトダウン》を防ぐため」という注水作業のニュースがつづくなかで、思い立って旧約聖書のエレミヤ書を読みはじめた(事故の後は、紙の上を目がすべってしまうようで、活字を追うことのできない日がつづいていた)。目に飛び込んできたのは、次のような箇所だった(新共同訳聖書)。

わたしは、お前たちを実り豊かな地に導き／味の良い果物を食べさせた。／ところが、お前たちはわたしの土地に入ると／そこを汚《けが》し／わたしが与えた土地を忌まわしいものに変えた。(2—7)

天よ、驚け、このことを／大いに、震えおののけ、と主は言われる。／まことに、わが民は二つの悪を行った。／生ける水の源であるわたしを捨てて／無用の水溜めを掘った。／水をためることのできない／こわれた水溜めを。（2―12・13）

私は震災を天譴《てんけん》論や天罰論で考えないが、人智を超えた自然への畏怖と、自然界に存在しない物質を人間が核分裂によって作り出すことに戦慄を覚える。旧約の預言者と大石さんを結びつける発想は自分の中にはなかったし、今も大石さんを「特別な存在」に奉《たてまつ》るつもりもない。だが、その後、アメリカの政治学者リチャード・フォーク氏が『ビキニ事件の真実』の英訳版に寄せた二〇一〇年二月の「序文」で、大石さんを「荒野の預言者」にたとえていることを知った。「大石氏は荒野の預言者である。だが、彼のようなものの声が無視されつづければ、人類は必ず恐ろしい運命に脅かされることになるだろう」（拙訳）。

私たちは大石さんの声に耳を傾けてきたのかと、ここでも胸を突かれる思いがした。とはいえ、私たちの進む道もまた、怒りを勇気に、悲しみをやさしさに代えて生き抜いてきた先達に学ぶことでしか、開かれてはいかないだろう。この半年間、大石さんの生き方をたどることで、私自身が支えられてきたと、今、改めて感じている。

直接体験者としてビキニ事件を〈内側から見つづけて来た〉大石さんは、半世紀を経て、戦後現代史と地球規模の核汚染という広い視野から、誰よりも深く事件を考える人となった。三・一一以後は、放射線被害に関する知識や情報もまた、現在にいたるまで国民に隠されてきたのだと、核権力の隠蔽性への批判を強めている。多くの方に、著作や講演を通して大石さんの「生の声」に触れていただければと思う。

二〇一一年九月

＊大石又七さんへのインタビューは二〇一一年四月二七日、五月一七日、六月二一日、七月一九日、九月一日に、大石さんの長女・田中佳子さんへのインタビューは七月二四日に行いました。快くお話を聞かせて下さったお二人に心からお礼申し上げます。また、執筆に関する相談にのって下さった第五福竜丸展示館の安田和也主任学芸員に感謝します。

【参考文献】

大石又七『死の灰を背負って――私の人生を変えた第五福竜丸』新潮社、一九九一年。

同『ビキニ事件の真実――いのちの岐路で』みすず書房、二〇〇三年。

同『これだけは伝えておきたい　ビキニ事件の表と裏――第五福竜丸・乗組員が語る』かもがわ出版、二〇〇七年。

同『矛盾――ビキニ事件、平和運動の原点』武蔵野書房、二〇一一年。

Ōishi Matashichi, translated Richard H. Minear, *The Day the Sun Rose in the West: Bikini, the Lucky Dragon, and I*, University of Hawai'i Press, 2011.

飯塚利弘『死の灰を越えて――久保山すずさんの道』かもがわ出版、一九九三年。

同『久保山愛吉物語』かもがわ出版、二〇〇一年。

川崎昭一郎監修『第五福竜丸とともに――被爆者から21世紀の君たちへ』新科学出版社、二〇〇一年。

川崎昭一郎『第五福竜丸――ビキニ事件を現代に問う』岩波ブックレット、二〇〇四年。

沢田昭二「放射線による内部被曝――福島原発事故に関連して」『日本の科学者』四六巻六号、二〇一一年六月。

市民科学研究室・低線量被曝研究会編『改訂新版　原爆調査の歴史を問い直す』二〇一一年六月。

新藤兼人『新藤兼人・原爆を撮る』新日本出版社、二〇〇五年。

第五福龍丸平和協会編『ビキニ水爆被災資料集』東京大学出版会、一九七六年。

同『ビキニ水爆実験被災50周年記念・図録　写真でたどる第五福竜丸』二〇〇四年。

同『開館30周年記念誌　都立第五福竜丸展示館30年のあゆみ』二〇〇六年。

高橋博子『封印されたヒロシマ・ナガサキ――米核実験と民間防衛計画』凱風社、二〇〇八年。

ビキニ市民ネット焼津編著『焼津流　平和の作り方――「ビキニ事件50年」をこえて』社会評論社、二〇〇七年。

藤居平一「被爆者救援運動の経過と今後の問題点」原水爆禁止日本協議会編『人類の危機と原水爆禁止運動Ⅰ（第三回原水爆禁止世界大会討議資料）』一九五七年。

丸浜江里子『原水禁署名運動の誕生――東京・杉並の住民パワーと水脈』凱風社、二〇一一年。

ラルフ・E・ラップ『福竜丸』八木勇訳、みすず書房、一九五八年。

▼**東京都立　第五福竜丸展示館**　東京都江東区夢の島二丁目一―一　夢の島公園内（入館無料）
電話　〇三―三五二一―八一九四／ホームページ http://d5f.org/

小沢節子
国際基督教大学卒業後，早稲田大学大学院にて日本近現代史を学ぶ．文学博士．早稲田大学などで現代史を教える傍ら，戦時期及び戦後社会と芸術表現との関わりについて研究をつづけている．
主な著書に『アヴァンギャルドの戦争体験――松本竣介 瀧口修造 そして画学生たち』(青木書店 1994 年)．『「原爆の図」――描かれた〈記憶〉，語られた〈絵画〉』(岩波書店 2002 年・第五回倫雅美術奨励賞受賞)．

第五福竜丸から「3.11」後へ　被爆者 大石又七の旅路　岩波ブックレット 820

2011 年 10 月 26 日　第 1 刷発行

著　者　小《こ》沢《ざわ》節《せつ》子《こ》

発行者　山口昭男

発行所　株式会社 岩波書店
〒101-8002 東京都千代田区一ツ橋 2-5-5
電話案内 03-5210-4000　販売部 03-5210-4111
ブックレット編集部 03-5210-4069
http://www.iwanami.co.jp/hensyu/booklet/

印刷・製本　法令印刷　　装丁　副田高行

ISBN 978-4-00-270820-1　　Printed in Japan